Psycholo

ऑप्शन

Psychology of
ऑप्शन ट्रेडिंग

महेश चंद्र कौशिक

प्रभात प्रकाशन

प्रकाशक

प्रभात प्रकाशन प्रा. लि.

4/19 आसफ अली रोड, नई दिल्ली-110002

फोन : 011-23289777 ● हेल्पलाइन नं. : 7827007777

इ-मेल : prabhatbooks@gmail.com ❖ वेब ठिकाना : www.prabhatbooks.com

संस्करण

प्रथम, 2024

सर्वाधिकार

सुरक्षित

पेपरबैक मूल्य

तीन सौ रुपए

मुद्रक

आर-टेक ऑफसेट प्रिंटर्स, दिल्ली

───────── ★ ─────────

PSYCHOLOGY OF OPTION TRADING
by Shri Mahesh Chandra Kaushik

Published by **PRABHAT PRAKASHAN PVT. LTD.**
4/19 Asaf Ali Road, New Delhi-110002

ISBN 978-93-5521-710-3

₹ 300.00 (PB)

प्रस्तावना

प्रिय पाठको,

सादर नमस्कार,

ऑप्शन ट्रेडिंग पर लिखी गई यह मेरी दूसरी पुस्तक आपके हाथों में है। ऑप्शन ट्रेडिंग पर प्रकाशित मेरी पहली पुस्तक 'ऑप्शन ट्रेडिंग से पैसों का पेड़ कैसे लगाएँ?' को आप लोगों ने इतना प्यार दिया कि वह वर्तमान में भारतीय शेयर बाजार पर लिखी गई पुस्तकों में ऑप्शन ट्रेडिंग के सेगमेंट की बेस्ट सेलर पुस्तक बन चुकी है।

इस पहली पुस्तक को पढ़कर प्यार देने वाले पाठकों में से बहुत से पाठकों के आग्रह मुझे प्राप्त हो रहे थे कि मैं ऑप्शन ट्रेडिंग के एडवांस मैथड्स भी लेकर आऊँ, ताकि पैसों के पेड़ की विधि की तरह कुछ और भी नई-नई विधियाँ अपनाकर नियमित मासिक आय प्राप्त की जा सके।

इस पुस्तक के लेखन के समय यह ध्यान में रखा गया है कि आपको ऑप्शन ट्रेडिंग की प्रारंभिक जानकारी पहले से ही है और आप कॉल, पुट, ऑप्शन चेन, स्ट्राइक प्राइस, कॉल राइटिंग, पुट राइटिंग, ऑप्शन सेलिंग, एक्सपायरी, बिड प्राइस, आस्क प्राइस आदि शब्दों से पूर्व परिचित हैं। यदि आपको इस प्रकार की प्रारंभिक जानकारी नहीं है तो इस एडवांस्ड बुक को पढ़ने से पहले आपको मेरी पहली पुस्तक 'ऑप्शन ट्रेडिंग से पैसों का पेड़ कैसे लगाएँ?' को पढ़ लेना चाहिए, ताकि आपको प्रारंभिक जानकारियाँ मिल जाएँ।

आमतौर पर, किसी भी व्यक्ति में यह प्रवृत्ति होती है कि वह बिना मेहनत किए सबकुछ पा लेना चाहता है। इसी प्रवृत्ति के चलते लोग शेयर बाजार में बगैर कोई पुस्तक पढ़े, बगैर मेहनत किए सीधे ही सुनी-सुनाई बातों और दोस्तों की सलाह से निवेश कर बैठते हैं तथा अपनी पूरी पूँजी गँवाकर जिंदगी भर शेयर बाजार फ्यूचर ट्रेडिंग, ऑप्शन ट्रेडिंग को कोसते रहते हैं।

ऑप्शन ट्रेडिंग में आप साधारण शेयर खरीदने-बेचने की तुलना में दस गुना ज्यादा तेजी से पैसा कमा सकते हैं और इसका विपरीत भी उतना ही सत्य है कि आप दस गुना तेजी से पैसे गँवा भी सकते हैं।

जैसे—एक व्यक्ति 20 कि.मी. प्रति घंटे की गति से मोटरसाइकिल चलाता है और दूसरा व्यक्ति उसकी दस गुना ज्यादा स्पीड अर्थात् 200 कि.मी. प्रति घंटे की गति से मोटरसाइकिल चलाता है, तो एक्सीडेंट होने के आसार किसके ज्यादा हैं?

स्वाभाविक है, आप उत्तर देंगे कि पहले व्यक्ति की तुलना में दूसरे व्यक्ति के दुर्घटनाग्रस्त होने की संभावना ज्यादा है। इसलिए, यदि आप बिल्कुल नए हैं तो आपको सीधे ऑप्शन ट्रेडिंग में नहीं कूदना चाहिए। पहले आपको कम-से-कम 3 वर्ष तक शेयर बाजार के कैश सेगमेंट में काम करना चाहिए, उसके बाद आप ऑप्शन ट्रेडिंग की शुरुआत इस पुस्तक के अनुसार कर सकते हैं। अर्थात् 3 साल तक 20 से 80 कि.मी. प्रति घंटे की गति पर मोटरसाइकिल चला लेने का अनुभव लेने के बाद आप 200 की स्पीड से मोटरसाइकिल चलाने की प्रारंभिक योग्यता पा सकते हैं।

उक्त कथन भी पूरा सत्य नहीं है। आप अपने मोहल्ले की गली में 200 कि.मी. प्रति घंटे की गति से मोटरसाइकिल चलाएँगे, तो एक तो मोटरसाइकिल में आजकल 200 तक स्पीड आती ही नहीं है। इसलिए आपको पहले 200 कि.मी. प्रति घंटे की गति वाली 15-20 लाख रुपए की निंजा बाइक खरीदनी पड़ेगी। फिर आप उसे 200 कि.मी. प्रति घंटे

की गति पर अपने मोहल्ले की गली में चलाएँगे तो आपका ऊपर जाना (मर जाना) तय है।

बाइक की यह कहानी ऑप्शन ट्रेडिंग पर हूबहू लागू होती है, अर्थात् पहले आपको 15-20 लाख रुपए की कम-से-कम कैपिटल होने पर ही ऑप्शन ट्रेडिंग करनी चाहिए। दूसरा, जैसे आप मोहल्ले की गलियों में 200 कि.मी. प्रति घंटे की गति पर निंजा बाइक नहीं चला सकते, इसके लिए रेसिंग ट्रैक की आवश्यकता पड़ेगी, उसी प्रकार पहले आपको 'ऑप्शन ट्रेडिंग से पैसों का पेड़ कैसे लगाएँ?' नामक इस पुस्तक का पहला भाग पढ़कर निफ्टी व बैंक निफ्टी में 1-1 पैसों का पेड़ लगाकर रेसिंग ट्रैक तैयार कर लेना चाहिए, तब आप दस गुना तेजी से पैसा कमाने/गँवाने वाली ऑप्शन ट्रेडिंग के लिए तैयार हो सकेंगे।

आपने पुस्तक तो खरीद ली, परंतु पुस्तक खरीदने मात्र से आप ऑप्शन ट्रेडिंग नहीं सीख सकते। आप यदि वास्तव में पैसे कमाने एवं ऑप्शन ट्रेडिंग करने में गंभीर हैं, तो आपको पुस्तक पूरी पढ़नी ही पड़ेगी।

मैंने अपने अनुभव से देखा है कि 80 प्रतिशत पाठक सिर्फ पुस्तक खरीद लेते हैं, फिर उसको थोड़ा शुरू से, थोड़ा बीच से, थोड़ा आखिर से पढ़कर रख देते हैं।

जैसा कि मैं हमेशा कहता हूँ कि धन कमाना तथा मेहनत करना—दोनों समान अनुपात में चलते हैं, अर्थात् आपको यदि धन कमाना है तो मेहनत भी करनी होगी। यहाँ मेहनत सिर्फ इतनी है कि पुस्तक को आप मात्र खरीदकर घर की अलमारी में न रखें। इसका एक-एक पेज ध्यान से पूरा पढ़ें और इसमें बताए सिद्धांतों को धीरे-धीरे वास्तविकता में भी लाएँ।

मेरा आपसे यह भी निवेदन है कि ट्रेडिंग को बैंक एफ.डी. की तरह निश्चित रिटर्न देने वाला निवेश न समझें। निवेश व ट्रेडिंग दो अलग-अलग सिद्धांत हैं। ट्रेडिंग में नफा-नुकसान दोनों हो सकते हैं, इसलिए इस पुस्तक के शुरुआती अध्यायों में आपको ऑप्शन ट्रेडिंग की मानसिक परिपक्वता तैयार करने तथा पोजीशन साइज मैनेज करने के जो

सिद्धांत बताए गए हैं, वे पुस्तक के आवश्यक भाग हैं। आपसे अपेक्षा की जाती है कि आप शुरुआती अध्यायों को ध्यानपूर्वक पढ़कर तथा अमल करके पहले ट्रेडिंग के लिए मानसिक रूप से पर्याप्त परिपक्वता अर्जित करें, फिर पोजीशन साइज के अनुसार आप कितनी पोजीशन लेंगे, यह सुनिश्चित करें और किसी भी परिस्थिति में लालच करने एवं ओवर पोजीशन लेने से बचें।

मैंने यह पुस्तक आप लोगों से रॉयल्टी कमाने के लिए नहीं लिखी है। मेरा उद्देश्य है कि इस पुस्तक से ऑप्शन ट्रेडिंग करने वाले लाखों ट्रेडर्स का भला हो और वे ऑप्शन में बड़े नुकसान करने से बचें तथा ट्रेडिंग के नाम पर बरबाद न होकर एक सफल कमाने वाले ट्रेडर बनें।

आप पुस्तक पढ़ने के बाद इसमें मैंने आपको जो भी सिद्धांत बताए हैं, उनमें कम-से-कम एक माह तक पेपर ट्रेड करके अनुभव अर्जित करें। उसके बाद रियल ट्रेड में उतरें। पेपर ट्रेड का अर्थ है कि वास्तविक पोजीशन न लेकर काल्पनिक पोजीशन लेना, उसको कागज पर नोट करना और उसमें स्टॉप लॉस हीट होने या प्रॉफिट बुक होने के अनुसार काल्पनिक प्रॉफिट-लॉस को कागज पर नोट कर लेना।

एक माह की पेपर ट्रेड सबसे अच्छा रियल टाइम बैकटेस्ट है। इससे हर 15-15 मिनट में अपनी पोजीशन की समीक्षा करने पर आपको स्टॉप लॉस का भी अच्छा-खासा आइडिया लग जाएगा।

परंतु, आजकल की चैट जी.पी.टी. व ए.आई. (आर्टिफिशियल इंटेलिजेंस) की दुनिया में हम मेहनत नहीं करना चाहते हैं कि हम अपने मोबाइल में बगैर सिर-पैर के स्टेटस, रील, वीडियो देखकर समय बरबाद करते रहते हैं और सोचते हैं कि बैकटेस्ट आदि के डाटा कहीं से रेडीमेड मिल जाएँ, ताकि पेपर ट्रेड की मेहनत से बचा जा सके।

पुस्तक प्रारंभ करने से पहले मैं उन लोगों का आभार व्यक्त करना चाहूँगा, जिनकी कृपा और मार्गदर्शन के बगैर मेरे द्वारा यह पुस्तक लिखना संभव नहीं था। सबसे पहले, मैं आभार व्यक्त करता हूँ उस

सृष्टिकर्ता, संचालक, परमपिता परमेश्वर का, जिन्होंने मुझे इस मृत्युलोक में अपना माध्यम बनाया और मेरे माध्यम से शेयर बाजार में निवेश के ज्ञान को फैलाने के लिए मेरा चयन किया।

मैं आभार व्यक्त करता हूँ परम पूजनीय बाल नागा संन्यासी श्री सहदेव गिरिजी महाराज का, जिन्होंने मेरे गुरु श्री श्री 1008 सत्यनारायण दासजी फलाहारी बाबा के शरीर छोड़ देने के बाद मेरे गुरुजी के स्थान पर प्रकट होकर मुझे अपने प्रेम के आगोश में ले लिया और मेरे गुरुजी के जाने की कमी पूरी कर दी।

मैं आभारी हूँ अपनी पत्नी श्रीमती सीमा कौशिक का, जिन्होंने जीवन के हर क्षेत्र में मेरा साथ दिया और कभी भी मुझे शेयर बाजार में रिस्क लेने से नहीं रोका, जिससे मैं अपनी पत्नी के प्रेमपूर्ण सहयोग से जीवन के हर क्षेत्र में आगे बढ़ सका।

अंत में, मैं अपने यूट्यूब के 2.25 लाख फॉलोवर्स का आभारी हूँ, क्योंकि फॉलोवर्स की लगातार सराहना व कमेंट्स से मिले प्रोत्साहन से ही मैं एन.आई.एस.एम. से परीक्षा उत्तीर्ण करके सेबी (SEBI) रजिस्टर्ड रिसर्च एनालिस्ट बन सका।

तो अब आप पुस्तक को पढ़ना प्रारंभ करें और पुस्तक में बताए गए सिद्धांतों का प्रयोग करके, एक सफल ऑप्शन ट्रेडर बनकर नियमित मासिक आय कमाना प्रारंभ करें।

—**महेश चंद्र कौशिक**

सहायक राजस्व लेखाधिकारी
कलेक्टर कार्यालय, सिरोही
(एन.आई.एस.एम. सर्टिफाइड एवं सेबी रजिस्टर्ड रिसर्च एनालिस्ट)

अनुक्रम

प्रस्तावना   *5*

1. क्या आप ऑप्शन ट्रेडिंग के लिए पर्याप्त रूप से परिपक्व हैं ? 13

2. ऑप्शन ट्रेडिंग के एडवांस्ड मैथड्स के
   इस्तेमाल से सिर्फ इंडेक्स में ट्रेड करें   19

3. ऑप्शन राइटिंग के लिए मार्जिन मनी कैसे कम करें ?   25

4. शॉर्ट स्ट्रेडल से नियमित मासिक आय कैसे प्राप्त करें ?   28

5. स्ट्रेडल एवं स्ट्रेंगल में क्या अंतर है ?   44

6. शेयर जीनियस शॉर्ट स्ट्रेंगल विधि से
   12 प्रतिशत मासिक रिटर्न कैसे मिला ?   48

7. एक सफल ऑप्शन ट्रेडर के गुण   55

8. उल्लू शॉर्ट स्ट्रेंगल विधि   63

9. ऑप्शन ट्रेडिंग में बार-बार विधियाँ न बदलें   75

10. क्या एन.एस.ई. से ज्यादा विश्वसनीय डाटा
    कहीं से मिल सकते हैं ?   80

11. आयरन कोंडोर रणनीति क्या है ?   85

12. ऑप्शन ट्रेडिंग की मेरी तराजू विधि   98

13. कवर्ड कॉल बेचकर नियमित मासिक आय कैसे कमाएँ ?   104

14. पूअर मैन कवर्ड कॉल की जगह
    शेयर जीनियस कवर्ड कॉल बेचें   113

15. इस पुस्तक में बताई गई विधियों के बारे में
    मेरे कुछ पाठकों के अनुभव   121

16. कमोडिटी में ऑप्शन ट्रेडिंग के लिए सोने-चाँदी की
    कवर्ड कॉल कैसे बेचें   127

17. फॉरेक्स मार्केट में ऑप्शन ट्रेडिंग से नियमित आय कमाना   131

18. वर्टिकल स्ट्रेंगल विधि   138

19. सारांश   145

1

क्या आप ऑप्शन ट्रेडिंग के लिए पर्याप्त रूप से परिपक्व हैं?

हाल ही में मैं अपने बेटे को जूते दिलवाने के लिए जूतों की एक दुकान पर गया। दुकान में मेरे प्रवेश करते ही दुकान में स्थित तीन व्यक्ति (जिनमें से एक दुकान का मालिक और दो उसके मित्र थे) ऐसे खुश हुए, जैसे भूखा आदमी भोजन मिलने पर खुश होता है।

वे मेरी ओर तेजी से लपके, जिससे मैं सकपका गया कि लगता है, आज इनका एक भी जोड़ा जूता नहीं बिका, जिससे आज ये मुझे खूब सारे जूते बेचकर ही दम लेंगे। वे तीनों व्यक्ति चहककर बोले, "आप वही हैं न, जिनका यूट्यूब पर शेयर बाजार का चैनल है?"

मैंने कहा, "हाँ, मैं वही महेश चंद्र कौशिक हूँ।"

तब वे मेरी प्रशंसा करने लगे, "सर ने बहुत सारी पुस्तकें भी लिखी हैं।"

मैंने पूछा, "आपने मेरी पुस्तकें भी पढ़ी हैं क्या?"

तब वे बोले, "अजी, इतना समय किसके पास है!"

मैंने उनकी दुकान के चारों ओर सिर घुमाकर देखा। वहाँ मेरे अलावा कोई ग्राहक नहीं था, इसलिए मेरी समझ में नहीं आया कि इनके पास पुस्तकें पढ़ने का समय क्यों नहीं है? खैर, कुल मिलाकर पर्याप्त स्वागत कर लेने के पश्चात् उन्होंने बताया कि वे ऑप्शन ट्रेडिंग करते

हैं, इसलिए मैं उनको कोई शेयर बताकर जाऊँ, जिसकी वे कॉल या पुट खरीद लेंगे और मेरे आभारी रहेंगे।

इस पर मैंने उनको विनम्रतापूर्वक मना कर दिया कि मैं ऐसा कोई शेयर बताकर नहीं जाऊँगा। दुकानदार व उसके मित्रों ने सोचा कि मैं भी पक्का व्यापारी हूँ, इसलिए फ्री में उनको ऑप्शन ट्रेडिंग की टिप नहीं दे रहा। इसलिए वे बोले, "अरे सर, चिंता न करें, हम आपकी फीस दे देंगे।" तब मैंने उन्हें समझाया कि मामला फीस लेने का नहीं है और मैं अपनी किसी भी राय की कोई फीस नहीं लेता; परंतु आप मुझे ऑप्शन ट्रेडिंग के लिए पर्याप्त परिपक्व नजर नहीं आ रहे, इसलिए मैं यदि आपको ऑप्शन ट्रेडिंग के लिए कोई शेयर का सुझाव देता हूँ तथा किसी कारणवश वह शेयर मेरे अनुमान के मुताबिक परफॉर्म नहीं करता है तो अगली बार जब मैं आपकी दुकान के आगे से निकलूँगा तो स्वागत करने के बजाय आप मुझे जूता फेंककर मारेंगे।

मेरी बात सुनकर उन तीनों को बुरा लगा और उनके मुँह लटक गए। इसलिए मैंने उनको संतुष्ट करने के लिए उन्हें समझाना प्रारंभ किया। मैंने उनसे पूछा, "आप लोगों को डीमैट खाता खुलवाए कितना समय हो गया है?" इस पर किसी ने बताया कि 2 माह, किसी ने 3 माह और किसी ने 5 माह का समय बताया। मैंने उनको समझाया कि किसी को वाहन चलाने का लाइसेंस बनवाना हो तो लर्नर लाइसेंस बनवाना पड़ता है, अर्थात् साधारण सी कार-जीप चलाना सीखने के लिए भी कम-से-कम 6 माह का अभ्यास करना पड़ता है और 6 माह तक लर्नर लाइसेंस से वाहन सीखने के पश्चात् व्यक्ति को ड्राइविंग लाइसेंस मिलता है।

फिर आप ऑप्शन ट्रेडिंग जैसे व्यापार की उच्च स्तरीय विद्या को अपने आप मात्र 2-4-5 माह के अनुभव से सीख जाएँगे, यह कैसे संभव हो सकता है ?

असल में, ऐसे नए ट्रेडर अँधेरे में तीर चलाते रहते हैं, कभी 5,000-10,000 कमाते हैं और दूसरे दिन 20,000-30,000 गँवाते हैं। कुल

मिलाकर, घाटे में ही चलते रहते हैं। इसलिए ऑप्शन ट्रेडिंग में उतरने से पहले मेरा पहला नियम यह है कि आप कम-से-कम 1 वर्ष तक स्टॉक मार्केट के कैश सेगमेंट में नियमित रूप से डिलीवरी बेस ट्रेडिंग जरूर कर लें।

मार्केट के कैश सेगमेंट में ट्रेडिंग करने के लिए अपनी कुल पूँजी को 40 हिस्सों में बाँट लें तथा मेरी पुस्तक 'आप भी बन सकते हैं इंटेलिजेंट इन्वेस्टर' एवं '41 ट्रेडिंग टिप्स' में बताए गए सिद्धांतों का प्रयोग करके कम-से-कम 1 वर्ष तक कैश मार्केट में काम करें।

इससे आपको पर्याप्त अनुमान हो जाएगा कि शेयर बाजार किस प्रकार से चलता है। मान लीजिए, रामू मार्केट के बुल रन में डीमैट खाता खुलवाता है। वह देखता है कि मार्केट 14,000 पर था (अप्रैल 2021 में निफ्टी 50 का स्तर) और 4-5 महीनों में ही 17,000 पर आ गया (सितंबर 2021 में निफ्टी 50 का स्तर)। अब वह 4-5 महीने में धारणा बना लेगा कि शेयर बाजार हमेशा बढ़ता रहता है, इसलिए तेजी के सौदे करना ही फायदेमंद है। ऐसी धारणा के साथ रामू ऑप्शन ट्रेडिंग चालू कर देता तो कुछ ही समय बाद मार्केट 18,000 से गिरकर 16,000 पर आ गया था।

इसलिए, यदि रामू कम-से-कम एक वर्ष तक कैश में ट्रेड करता तो उसे पर्याप्त अनुभव हो जाता। वह मार्केट में 14,000 से 17,000 का स्तर भी देख लेता और 18,000 से 16,000 की गिरावट भी देख लेता।

अत: ऑप्शन ट्रेडिंग के लिए पर्याप्त परिपक्वता अर्जित करने के लिए मेरा पहला नियम यह है कि आपको शेयर बाजार के कैश सेगमेंट में कम-से-कम एक वर्ष का अनुभव होना चाहिए।

अब बात करते हैं दूसरे नियम की। यह नियम मैंने पहले भी कई बार बताया है। वह नियम यह है कि यदि एक वर्ष हो जाने पर आप शेयर बाजार में अपनी कुल पूँजी पर नेट 12 प्रतिशत वार्षिक रिटर्न कम-से-कम कमा लेते हैं तो ही आपको पर्याप्त अनुभव हुआ है।

मान लो, आपने शेयर बाजार के कैश सेगमेंट में 4 लाख रुपए लगाकर ट्रेडिंग प्रारंभ की और एक वर्ष बाद आपको कुल 20,000 रुपए का ही प्रॉफिट हुआ या आपको 15,000 से 20,000 रुपए का नुकसान हुआ, तो आप अभी भी ऑप्शन ट्रेडिंग के लिए पर्याप्त रूप से परिपक्व नहीं हुए हैं। असल में, 4 लाख रुपए की पूँजी पर 20,000 रुपए का रिटर्न मात्र 5 प्रतिशत रिटर्न है, जो आपकी अपरिपक्वता का द्योतक है, क्योंकि इससे ज्यादा 6-7 प्रतिशत तो आप बैंक एफ.डी. में ही कमा लेते। यदि आपको नेगेटिव रिटर्न मिला है या घाटा हुआ है तो यह और भी ज्यादा अपरिपक्वता का द्योतक है।

अत: मेरे वीडियो देखकर या मेरी पुस्तकों से कैश सेगमेंट में ट्रेडिंग कर पहले कम-से-कम इस स्तर पर आ जाएँ कि आप कैश मार्केट से सालाना 12 प्रतिशत से ऊपर का प्रॉफिट बुक करने लगें, चाहे इसमें एक वर्ष से अधिक का समय लगे।

अब, आप कहेंगे कि मैंने पहले एक माह में ही 12 प्रतिशत प्रॉफिट कमा लिया तो? यदि आपने एक वर्ष से कम समय में ही ज्यादा रिटर्न कमा लिया है, तो भी आप अभी परिपक्व नहीं हुए हैं; क्योंकि हो सकता है, उस समय मार्केट तेजी में हो। इसलिए, जब तक आप गिरावट का दौर भी नहीं देखेंगे, तब तक परिपक्व नहीं होंगे। इसलिए, यदि आपने एक वर्ष से कम समय में ही 12 प्रतिशत से ज्यादा रिटर्न कमा लिया है तो भी आपको कम-से-कम एक वर्ष का इंतजार तो जरूर करना चाहिए।

अब ऑप्शन ट्रेडिंग में उतरने का अगला नियम है—'आपके पास पर्याप्त पूँजी की उपलब्धता।' मेरे अनुसार, सफलतापूर्वक ऑप्शन ट्रेडिंग करने के लिए आपके पास कम-से-कम 15 लाख रुपए की स्व-अर्जित अतिरिक्त धनराशि होनी चाहिए।

यहाँ स्व-अर्जित का अर्थ है कि वह राशि पूरी तरह से आपकी राशि हो और उस पर आपको किसी तरह का ब्याज आदि चुकाना नहीं पड़ रहा हो। मेरे पास दर्जनों इ-मेल्स ऐसे आते हैं कि सर, ऑप्शन ट्रेडिंग

में अपनी पूरी धनराशि गँवा बैठा हूँ। अब घबराहट होती है, खाना हजम नहीं होता, चक्कर आते हैं, बच्चों के भविष्य की चिंता होती है। अब आपका ही भरोसा है। कृपया निराश न करें, इ-मेल का जवाब अवश्य दें। मेरी पूरी पूँजी चली गई है; पर आप जो ट्रेड बताएँगे, वह पिताजी से उधार लेकर कर लूँगा। पिताजी के पास अभी-अभी रिटायरमेंट का फंड आया है।

ऐसे इ-मेल का मैं जवाब भी देता हूँ कि क्षमा कीजिए, मेरे पास ऐसी कोई जादुई टिप्स नहीं है, जिससे आपकी डूबी हुई धनराशि रिकवर हो सके, और आप पिताजी के पैसों से ऑप्शन ट्रेडिंग भूलकर भी न करें। अभी आप कैश मार्केट में स्विंग ट्रेड करें और कुछ समय के लिए ऑप्शन मार्केट को भूल जाएँ। इसीलिए मैंने दो शब्दों का चयन किया है—पहला, स्व-अर्जित अर्थात् पापा-मम्मी, दोस्तों व बैंक लोन की राशि न होकर आपकी अपनी राशि हो तो आप ऑप्शन ट्रेडिंग की योग्यता अर्जित कर लेते हैं।

दूसरा शब्द मैंने लिखा है—अतिरिक्त धनराशि, अर्थात् इस धनराशि की आपको आगामी 2 वर्ष तक बच्चों के भविष्य, विवाह, मकान, शिक्षा आदि में आवश्यकता नहीं होनी चाहिए, तभी आप इस राशि पर रिस्क उठा सकेंगे, नहीं तो बीच रास्ते में ही घबराकर गलतियाँ करने लगेंगे। अत: कुल मिलाकर, ऑप्शन ट्रेडिंग में काम करने के लिए आपके पास तीन मूलभूत योग्यताएँ होनी चाहिए, जो संक्षेप में इस प्रकार हैं—

1. शेयर बाजार में काम करने का कम-से-कम एक वर्ष का अनुभव।

2. शेयर बाजार के कैश सेगमेंट में ट्रेड करके सालाना कम-से-कम 12 प्रतिशत रिटर्न निकालने की योग्यता।

3. कम-से-कम 15 लाख रुपए की स्व-अर्जित अतिरिक्त धनराशि।

अत: कुल मिलाकर, मेरा आपसे यही निवेदन है कि शेयर मार्केट

के ऑप्शन ट्रेडिंग सेगमेंट में मेरी एडवांस विधियों से ट्रेड करने से पहले आपको उक्त योग्यताएँ अर्जित कर लेनी चाहिए, ताकि आप ऑप्शन ट्रेडिंग में असफलता का मुँह न देखें।

यदि आपके पास उक्त तीनों योग्यताएँ नहीं हैं तो निराश होने की आवश्यकता नहीं है। यदि आप मेरी कैश सेगमेंट की स्विंग ट्रेडिंग विधियों का अभ्यास करेंगे तो आप आसानी से 12 प्रतिशत सालाना कमाना सीख जाएँगे और मेरी ऑप्शन ट्रेडिंग की प्रथम पुस्तक 'ऑप्शन ट्रेडिंग से पैसों का पेड़ कैसे लगाएँ?' के अनुसार ऑप्शन ट्रेडिंग में भी निफ्टी व बैंक निफ्टी—दोनों में मेरी जो पैसों का पेड़ वाली विधि है, उसको जारी रखेंगे तो धीरे-धीरे आपकी कुल पूँजी भी बढ़ती रहेगी।

एक विकल्प यह भी है कि आप पुस्तक में बताई गई विधियों को पेपर ट्रेड करके आत्मसात् करें और पर्याप्त अनुभव हो जाने के पश्चात् उनको धीरे-धीरे वास्तविक ट्रेड में बदलकर ऑप्शन ट्रेडिंग से नियमित मासिक आय कमाना सीख लें।

❑

2

ऑप्शन ट्रेडिंग के एडवांस्ड मैथड्स के इस्तेमाल से सिर्फ इंडेक्स में ट्रेड करें

इस अध्याय में मैं आपको ऑप्शन ट्रेडिंग की जो भी एडवांस्ड विधियाँ बताऊँगा, उनका इस्तेमाल आपको सिर्फ इंडेक्स—अर्थात् निफ्टी, बैंक निफ्टी या फिन निफ्टी (निफ्टी फाइनेंशियल) में ट्रेड करने के लिए करना चाहिए।

ऐसा इसलिए है कि ऑप्शन मार्केट में लगभग 80 प्रतिशत ट्रेडिंग इंडेक्स में होती है और शेष 20 प्रतिशत ट्रेडिंग शेयरों में होती है। इसलिए इंडेक्स में अलग-अलग स्तरों पर पर्याप्त वॉल्यूम होते हैं। ऑप्शन में पोजीशन बनाने व बेचने का असली मजा तभी है, जब आपके वांछित स्ट्राइक प्राइस पर पर्याप्त क्रेता/विक्रेता उपलब्ध हों। अतः इंडेक्स में ज्यादातर स्ट्राइक प्राइसों पर क्रेता व विक्रेता दोनों पर्याप्त मात्रा में उपलब्ध होने से इसमें ज्यादा सुगमता से ट्रेडिंग हो सकती है।

इसके अलावा, इंडेक्स में एक साथ बहुत बड़ा अप्रत्याशित मूवमेंट भी नहीं आता, इसलिए इसमें आपके पैसा बनाने की संभावना ज्यादा होती है; जबकि किसी शेयर विशेष में पोजीशन बनाने पर यदि शेयर में आपके अनुमान से विपरीत दिशा में बड़ी उछाल या गिरावट आ जाएगी तो आपका पूरा पैसा डूबना तय है।

जो भी नए ऑप्शन ट्रेडर होते हैं, वे जब एक बार किसी पोजीशन

में बड़ा पैसा बना लेते हैं तो वे एक प्रकार की लत के शिकार हो जाते हैं। यह एकदम मनोवैज्ञानिक है कि जो भी चीज हमें खुशी देती है या आनंद की अनुभूति करवाती है, दिमाग में उस चीज के लिए डोपामाइन रिसेप्टर बन जाते हैं।

इन डोपामाइन रिसेप्टर के कारण ही लोग फिर से आनंद की अनुभूति करने के लिए शराब, सेक्स, ड्रग्स, मिठाई, बीड़ी, सिगरेट, जुआ, लॉटरी, सट्टा आदि की लत पाल लेते हैं।

इसी प्रकार, मनुष्य के मस्तिष्क में किसी लॉटरी में पैसा जीतने या ऑनलाइन क्रिकेट एप में पैसा जीतने पर डोपामाइन रिसेप्टर बन जाते हैं, जो उसको बार-बार लॉटरी खरीदने या बार-बार वित्तीय जोखिम वाले एप्स में खेलने की लत लगा देते हैं। इसी प्रकार, ऑप्शन ट्रेडिंग में भी एक-दो बार पैसा कमा लेने पर आपके दिमाग में डोपामाइन रिसेप्टर बन जाते हैं, जिससे आपको यह पता भी होता है कि आपके अगली बार कमाने की संभावना बहुत कम है, फिर भी आप ऑप्शन में अंधाधुंध पोजीशन बनाते रहते हैं।

इस लत के कारण मैंने बाजार में ज्यादातर ऑप्शन ट्रेडर्स को अपनी पूरी पूँजी गँवाते हुए देखा है। यदि आप ऑप्शन ट्रेडिंग में अपनी पूँजी गँवाते हैं तो इसमें न तो ऑप्शन मार्केट दोषी है, न ही आपको ऑप्शन ट्रेडिंग की स्ट्रेटेजी सिखाने वाला दोषी है। इसमें आपका लालच, आपका डर और भावनाओं के साथ जीतने की जल्दबाजी में आपकी ज्यादा पोजीशन बनाने की लत ही पूरी तरह दोषी होती है।

जैसे—मैं आपको कार चलाना सिखाता हूँ तो यह आपके ऊपर है कि आप ड्राइविंग नियमों का पालन करके, सफर को पूरा कर अपनी मंजिल पर पहुँच सकते हैं या अंधाधुंध वाहन चलाकर अपनी व दूसरों की जान को जोखिम में डाल सकते हैं।

दूसरा उदाहरण विद्युत् का है। आप विद्युत् से उपकरणों को चलाकर अपना जीवन सुविधामय बना सकते हैं या विद्युत् के नंगे तारों को छूकर

मर भी सकते हैं। अत: पुस्तक में आगे बढ़ने से पहले मैं आपको बताना चाहूँगा कि पुस्तक में बताई गई सभी विधियाँ शत-प्रतिशत सफलता की गारंटी नहीं देतीं; परंतु यह सुनिश्चित है कि यदि आपने पहले अध्याय में बताए अनुसार अनुभव प्राप्त कर लिया है और आपने मार्केट के ट्रेड को पहचानना सीख लिया है तो आप इन विधियों का प्रयोग करके ओवर ऑल पैसा अवश्य कमाएँगे; क्योंकि यदि ऑप्शन ट्रेडिंग से पैसा कमा ही नहीं सकते थे तो इतनी सारी स्ट्रेटेजी का आविष्कार ही नहीं हुआ होता। इसलिए आपको इन विधियों का प्रयोग करते समय इन बिंदुओं को ध्यान में रखना है, ताकि आप इनसे पैसा कमा सकें—

1. इंडेक्स में ऑप्शन ट्रेडिंग करना शेयर विशेष की तुलना में ज्यादा सुरक्षित है, अत: इस पुस्तक की विधियों का प्रयोग इंडेक्स में करें।

2. ऑप्शन में शराब, जुए, सट्टे की लत की तरह आनंद व रोमांच लेने के लिए ट्रेड न करें और पूरी तरह विश्लेषण कर लेने के बाद सोच-समझकर छोटी पोजीशन बनाएँ तथा ध्यान में रखें कि पोजीशन आपके विपरीत भी जा सकती है। इसलिए, कभी-कभार लॉस भी बुक करना पड़े तो न हिचकिचाएँ।

3. ऑप्शन ट्रेडिंग में पैसा दुगुना करने के चक्कर में न पड़ें। मैंने ऑप्शन मार्केट में बहुत से नए ट्रेडर्स को अपनी पूरी पूँजी डुबोते हुए देखा है। इन ट्रेडर्स से बातचीत करने पर 90 प्रतिशत मामलों में मैंने यह पाया है कि ये नए ट्रेडर्स अपनी पूँजी पर दुगुना प्रतिफल पाकर 40,000 से 80,000 रुपए, फिर 1,60,000 रुपए, फिर 3,20,000 रुपए, फिर 6,40,000 रुपए, फिर 12,80,000 रुपए, फिर 25,60,000 रुपए, फिर 51,20,000 रुपए, फिर 1,02,40,000 रुपए, इस प्रकार 8 ट्रेड में ही 40,000 से 1 करोड़ रुपए बनाने जैसा असंभव टारगेट लेकर ट्रेड कर रहे थे।

आपने बचपन में स्कूल में पढ़ा होगा कि लालच बुरी बला है। यह नीति वाक्य ऑप्शन ट्रेडिंग में भी उतनी ही प्रासंगिक है। इसलिए मात्र 8-10 ट्रेड में वारे-न्यारे करने के चक्कर में न पड़ें और जीवन भर आपको ऑप्शन मार्केट से कमाना है, यह सोचकर समझदारी व विवेक से छोटे-छोटे ट्रेड लें तथा ऑप्शन ट्रेड में एक्सपायरी तक इंतजार न करें। मेरा अनुभव है कि आयरन कोंडोर को छोड़कर बाकी किसी भी ऑप्शन पोजीशन को कभी भी ओवरनाइट होल्ड न करें तथा जो भी लाभ या हानि हो, उसे इंट्राडे में ही बुक कर लें।

इसके पीछे मैं एक मजेदार कहानी सुनाता हूँ। मेरे पड़ोस में एक बच्चा है। उसको जब 1 से 20 तक गिनती सुनाने को कहते हैं तो वह गिनती इस प्रकार सुनाता है—1, 2, 3, 5, 10, 15, 16, 17, 14, 20।

अब उस बच्चे को कहते हैं कि आपने गलत गिनती सुनाई है, तो वह जिद करने लगता है कि नहीं, मैंने सही गिनती सुनाई है। मेरा ऐसा मानना है कि वह बच्चा शेयर बाजार के परिप्रेक्ष्य में एकदम सही गिनती सुनाता है, क्योंकि शेयर बाजार में गैप-अप और गैप-डाउन ओपनिंग होती है। यहाँ कोई शेयर 10 रुपए पर बंद हुआ तो यह जरूरी नहीं है कि कल उसकी ट्रेडिंग 10 रुपए या 11 रुपए से ही प्रारंभ होगी। अगले दिन वह शेयर सीधे 8 रुपए पर खुल सकता है। इसे 'गैप-डाउन ओपनिंग' कहते हैं।

इसी प्रकार, यदि कोई शेयर 10 रुपए पर बंद हुआ तो वह अगले दिन सीधे 12 रुपए पर ओपन हो सकता है। इसे 'गैप-अप ओपनिंग' कहते हैं। इस प्रकार की गैप-अप व गैप-डाउन ओपनिंग के कारण छोटा निवेशक ऑप्शन पोजीशन में बुरी तरह फँस सकता है। अत: इस पुस्तक में मैं आपको जो भी विधियाँ सिखाने वाला हूँ, उन सब में मैं आपको इंट्राडे में प्रॉफिट/लॉस बुक करने की सलाह दूँगा; क्योंकि रोज नई पोजीशन बनाने पर आपको एक तो उस दिन की मार्केट की डायरेक्शन का पूर्वानुमान रहता है; दूसरा, आप गैप-अप व गैप-डाउन ओपनिंग में बड़ा नुकसान होने से बचे रहते हैं।

आप कितना भी स्टॉप लॉस लगाकर बैठे रहें, गैप-अप व गैप-डाउन में आपके स्टॉप लॉस ट्रिगर ही नहीं होते। मान लें, आपने ऑप्शन में एक कॉल 153 रुपए की खरीदी है और 140 का आपका स्टॉप लॉस है तथा यह कॉल 149 पर बंद होती है। आप इस पोजीशन को ओवरनाइट होल्ड कर लेते हैं और दुर्भाग्य से यह कॉल अगले दिन सीधे 128 पर खुलती है तो आपका 140 का स्टॉप लॉस ट्रिगर ही नहीं होगा और आप बड़े नुकसान में आ जाएँगे।

मैं ऐसे बहुत से बरबाद ऑप्शन ट्रेडर्स से मिल चुका हूँ, जो इसी प्रकार के गैप-अप व गैप-डाउन के चक्कर में आकर अपनी बड़ी ओवरनाइट पोजीशन में अपनी ज्यादातर पूँजी गँवाकर ऑप्शन ट्रेडिंग को अलविदा कह चुके हैं।

इसका एक उदाहरण और भी है। रामलाल निफ्टी 50 की पोजीशन में इंट्राडे में प्रॉफिट-लॉस बुक करके एक पोजीशन पर कभी 500, कभी 700 तो कभी 1,000 रुपए का प्रॉफिट बुक करता है और कभी-कभार उसको लॉस भी बुक करना पड़ता है। इस प्रकार, छोटे-छोटे प्रॉफिट-लॉस नियमित रूप से बुक करते-करते वह महीने के अंत में कुल मिलाकर 15,000 रुपए का प्रॉफिट तथा 5,000 रुपए का लॉस बुक करता है, तो लॉस कम करने के उपरांत पूरे महीने की उसकी कमाई 10,000 रुपए हुई।

दूसरी ओर, श्यामलाल ऑप्शन की पोजीशन एक्सपायरी तक होल्ड करके 6,000 रुपए प्रॉफिट बुक करता है, तो इससे रामलाल का प्रॉफिट ही ज्यादा रहता है और श्यामलाल को पूरे महीने होल्ड करने पर नुकसान होने के आसार भी रहते हैं। अतः कुल मिलाकर, सार यह है कि हमें ऑप्शन ट्रेडिंग की एडवांस विधियों का प्रयोग इंडेक्स में ट्रेड करने के लिए करना है और मार्केट की डायरेक्शन का विश्लेषण करके सिर्फ इंट्राडे के लिए छोटी-छोटी पोजीशन लेकर ट्रेड करना है। हालाँकि, मैं आयरन कोंडोर जैसी कुछ विधियाँ ऐसी

भी बताऊँगा, जिनमें आप एक्सपायरी तक होल्ड करके ट्रेड भी कर सकते हैं।

इंडेक्स में ट्रेड करने का एक लाभ यह भी है कि इंडेक्स ऑप्शन का सेटलमेंट कैश में होता है। इंडेक्स के अलावा बाकी सभी स्टॉक ऑप्शन का सेटलमेंट फिजिकल डिलिवरी से होता है। अत: इंडेक्स में कैश सेटलमेंट होने के कारण आपको फिजिकल डिलिवरी के लिए अतिरिक्त मार्जिन या शेयर रखने की जरूरत नहीं होती।

☐

3

ऑप्शन राइटिंग के लिए मार्जिन मनी कैसे कम करें?

जब आप इंडेक्स ऑप्शन की कोई ए.टी.एम. कॉल बेचते हैं तो आपको प्रति कॉल-पुट लगभग 1 से 1.25 लाख रुपए मार्जिन मनी की आवश्यकता होती है। ज्यादातर छोटे निवेशकों के पास इतनी मार्जिन मनी नहीं होती, इसलिए वे कॉल-पुट बेचने की जगह खरीदते हैं, क्योंकि कॉल-पुट खरीदने में सिर्फ प्रीमियम का भुगतान करना होता है। इसलिए, कम मार्जिन होने के कारण इस कम मार्जिन में छोटे निवेशक कॉल-पुट खरीद लेते हैं।

परंतु क्या आपने 'मैक्स पेन थ्योरी' का नाम सुना है? यदि आप मैक्स पेन थ्योरी के बारे में नहीं जानते तो मैं आपको जानकारी दे देता हूँ। इसके अनुसार, बड़े ट्रेडर यह जानते हैं कि किन-किन स्ट्राइक प्राइस पर कितने-कितने ऑप्शन कॉण्टेक्ट खरीदे-बेचे गए हैं, इसलिए वे प्रयास करते हैं कि ऑप्शन का सेटलमेंट एक्सपायरी तक इस प्रकार से हो कि ज्यादातर ऑप्शन कॉण्टेक्ट वर्थलेस (बगैर लाभ में आए) एक्सपायर हो जाएँ।

अर्थात् ऑप्शन खरीदने वालों को ज्यादा-से-ज्यादा (मैक्स) दर्द (पेन) मिले, इसीलिए इसका नाम 'मैक्स पेन थ्योरी' है। दूसरे शब्दों में यह भी कह सकते हैं कि ऑप्शन मार्केट की संरचना इस प्रकार की

है कि इसमें एक्सपायरी तक होल्ड करने पर ज्यादातर ऑप्शन खरीदने वालों के कॉण्टेक्ट वर्थलेस (बगैर लाभ में आए) एक्सपायर हो जाते हैं।

इसलिए मैक्स पेन थ्योरी के अनुसार ऑप्शन राइटर, अर्थात् ऑप्शन बेचने वाले हमेशा ऑप्शन खरीदने वालों की तुलना में ज्यादा कमाने की स्थिति में होते हैं। इसलिए, इस पुस्तक में आपको ज्यादातर जो एडवांस स्ट्रेटेजीज बताई जाएँगी, उनमें ऑप्शन सेलिंग का प्रयोग किया जाएगा। अब आप सोच रहे होंगे कि इसमें तो बहुत सी मार्जिन मनी की आवश्यकता पड़ती होगी।

परंतु यदि आप अपनी पोजीशन को हेज कर लेते हैं, अर्थात् दो या दो से अधिक पोजीशन इस प्रकार की बना लेते हैं कि एक में नुकसान हो तो दूसरी पोजीशन में फायदा होने के आसार रहें, तो आपने अपनी पोजीशन को हेज कर लिया। अब एक्सचेंज जानता है कि हेज पोजीशन में आपको नुकसान होने की संभावना कम है, इसलिए एक्सचेंज हेज पोजीशन पर ज्यादा मार्जिन नहीं लगाता।

उदाहरण के तौर पर, यदि आप निफ्टी की ए.टी.एम. कॉल बेचते हैं तो आपको 1 लाख रुपए के लगभग मार्जिन की आवश्यकता होती है। इसी प्रकार, यदि आप निफ्टी की एक ए.टी.एम. पुट बेचते हैं तो आपको लगभग 1 लाख रुपए मार्जिन मनी की आवश्यकता होती है।

अब, यदि आप 1–1 ए.टी.एम. कॉल–पुट एक साथ बेचते हैं तो आपको दोनों के लिए मिलाकर 2 लाख रुपए से अधिक मार्जिन की आवश्यकता होनी चाहिए। परंतु ऐसा नहीं होता है। असल में, कॉल–पुट साथ में बेचने पर आपकी पोजीशन हेज हो जाती है, इसलिए अब मार्जिन अकेली कॉल–पुट बेचने से भी कम, अर्थात् लगभग 90–98 हजार ही लगता है।

इस प्रकार, इस पुस्तक में आपको जो विधियाँ बताई जाएँगी, उनमें ज्यादातर में हेज पोजीशन होने से आपको नॉर्मल से कम मार्जिन की ही जरूरत पड़ती है। इस मार्जिन की पूर्ति के लिए आपको पूरी तरह से कैश

रखने की आवश्यकता नहीं है। आपको 50 प्रतिशत मार्जिन कैश में रखने की जरूरत होती है, बाकी 50 प्रतिशत मार्जिन आप कोलेटरल मार्जिन रख सकते हैं।

यहाँ कोलेटरल मार्जिन का आशय है कि आप अपने पास पहले से रखे शेयरों या ई.टी.एफ. की यूनिटों को गिरवी रखकर यह कोलेटरल मार्जिन मेंटेन कर सकते हैं। परंतु शेयर गिरवी रखकर जो कोलेटरल मार्जिन प्राप्त किया जाता है, उस पर ब्रोकर 9 से 12 प्रतिशत तक वार्षिक दर से ब्याज वसूल करते हैं। इसलिए, मैं सलाह दूँगा कि आप कैश मार्जिन का ही प्रयोग करें। यदि आपने मेरी पहली पुस्तक के अनुसार पैसों का पेड़ लगा रखा है तथा आप अपनी होल्ड यूनिटों पर मार्जिन चाहते हैं तो आप लगभग 12 प्रतिशत वार्षिक ब्याज पर इन्हें कोलेटरल रखकर मार्जिन प्राप्त करके ऑप्शन सेलिंग कर सकते हैं।

असल में, मार्जिन मनी पूरी तरह से आपको होने वाले संभावित नुकसान पर निर्भर करती है। आगे के अध्यायों में आपको मेरी आयरन कोंडोर स्ट्रेटेजी पढ़ने को मिलेगी, जिसमें 4 पोजीशन एक साथ बनाते हैं, अर्थात् 1 कॉल बेचते हैं तो उसी से प्राप्त प्रीमियम से 1 ओ.टी.एम. कॉल खरीदते हैं और 1 पुट बेचते हैं, तो उसी से प्राप्त प्रीमियम से 1 ओ.टी. एम. पुट खरीदते हैं। इस प्रकार से 4 पोजीशन बनाने पर नुकसान होने की संभावना बहुत कम हो जाती है, तो आप द्वारा देय मार्जिन भी घटकर 50-60 हजार रुपए ही रह जाता है।

◻

4

शॉर्ट स्ट्रेडल से नियमित मासिक आय कैसे प्राप्त करें?

ऑप्शन ट्रेडिंग की मेरी एडवांस्ड विधियों में से पहली विधि, जो मैं आपको समझाने जा रहा हूँ, वह है शॉर्ट स्ट्रेडल, जो एक प्रकार की हेज पोजीशन होती है, जिसमें एक साथ ही स्ट्राइक प्राइस पर एक ही एक्सपायरी की दो पोजीशन्स इस प्रकार बनाई जाती हैं, जिनमें एक पोजीशन में यदि मार्केट गिरने पर फायदा होता है, तो दूसरी पोजीशन में मार्केट बढ़ने पर फायदा होता है।

1. लॉन्ग स्ट्रेडल,
2. शॉर्ट स्ट्रेडल।

लॉन्ग स्ट्रेडल में एक ही स्ट्राइक प्राइस की कॉल-पुट एक साथ खरीदी जाती है। लॉन्ग स्ट्रेडल में तभी फायदा होता है, जब मार्केट में किसी एक दिशा में बहुत बड़ी मूवमेंट आ जाए। इस प्रकार के स्ट्रेडल से किसी बड़े इवेंट वाले दिन ही ज्यादा फायदा होता है; जैसे—बजट घोषणा के दिन, चुनाव परिणाम के दिन आदि।

आमतौर पर, मार्केट में रोज बहुत बड़ा मूव आने की संभावना नहीं होती। इसलिए, आप लॉन्ग स्ट्रेडल का प्रयोग यदि लंबे समय तक लगातार करते हैं तो इसमें आमतौर पर फायदा होने के आसार कम रहते हैं।

जैसे—3 मार्च, 2023 को निफ्टी की ओपनिंग 17,451.25 पर हुई। इस हिसाब से सबसे नजदीक स्ट्राइक प्राइस 17,450 की कॉल-पुट एक साथ खरीदते हैं तो यह एक लॉन्ग स्ट्रेडल हुआ। अब आइए, देखते हैं कि 3 मार्च, 2023 को यदि आपने इंट्राडे में इस प्रकार का लॉन्ग स्ट्रेडल बनाया होता तो आपको क्या परिणाम मिलते? हम इसमें बैकटेस्ट के लिए ओपन व क्लोज प्राइस का डाटा प्रयोग करेंगे। 3 मार्च, 2023 को 17,450 की कॉल 218.95 पर ओपन हुई, अर्थात् आपने इसे मार्केट खुलते ही खरीदा होता तो 218.95 रुपए के आसपास खरीदते। इस दिन मार्केट में बहुत बड़ा मूव आया और निफ्टी 17,594.35 पर बंद हुआ। इसलिए मार्केट बंद होते-होते 17,450 की कॉल 330.45 पर बंद हुई।

अतः सैद्धांतिक रूप से इस ओपन प्राइस पर ली गई 17,450 की कॉल पर आपको प्रति शेयर 330.45-218.95=111.50 के लगभग फायदा होता और निफ्टी के 50 के लॉट पर फायदा 5,575 रुपए होता। अब इसके विपरीत, ट्रेड का परिणाम देख लेते हैं, जिसमें आप लॉन्ग स्ट्रेडल बनाने के लिए 17,450 की एक पुट खरीदते। इसका 3 मार्च, 2023 का ओपन प्राइस 193.35 तथा क्लोज प्राइस 115.90 था, अर्थात् आपको प्रति शेयर 77.45 रुपए नुकसान होता। निफ्टी का 50 का लॉट होने से इस ट्रेड के ओवर ऑल आपको 3,872.50 का नुकसान होता। ओवर ऑल आपको इस लॉन्ग स्ट्रेडल में 5,575 का फायदा और 3,872.50 का नुकसान होता तथा मार्केट बंद होते समय आप इंट्राडे से 1,702.50 रुपए का प्रॉफिट बनाते।

परंतु, इस दिन मार्केट अपने पिछले क्लोज से 272.45 अंक (1.57 प्रतिशत) बढ़कर बंद हुआ था, इसलिए लॉन्ग स्ट्रेडल से आपको फायदा हुआ। इंट्राडे में लॉन्ग स्ट्रेडल से तभी फायदा होता है, जब मार्केट में कम-से-कम 1 से 1.50 प्रतिशत का मूवमेंट एक साथ आए।

चूँकि पूरे महीने तो रोज मार्केट 1 से 1.50 प्रतिशत बढ़ता नहीं

है, इसलिए यदि आप लॉन्ग स्ट्रेडल का प्रयोग पूरे महीने प्रतिदिन इंट्राडे में करते हैं तो महीने के 4–5 दिन जब बड़ा मूव आएगा, तब तो आपको फायदा होगा और मार्केट में मूवमेंट कम रहा, इस दिन आपको नुकसान होगा। इससे कुल मिलाकर पूरे महीने में आपको नुकसान ही होगा।

इसलिए, हमेशा याद रखें कि लॉन्ग स्ट्रेडल, जिसमें आप एक ही स्ट्राइक प्राइस की कॉल–पुट एक साथ खरीदते हैं, उसको लगातार इंट्राडे में यूज करके आप नियमित मासिक आय नहीं कमा सकते हैं।

लॉन्ग स्ट्रेडल महीने में 5–7 ट्रेडिंग सेशन में ही लाभ में क्लोज होता है, बाकी 12–15 ट्रेडिंग सेशन में लॉन्ग स्ट्रेडल नुकसान में क्लोज होता है। यहाँ इंट्राडे में लॉन्ग स्ट्रेडल बनाने की बात हो रही है। मैं पूरे महीने या पूरे हफ्ते के लिए लॉन्ग स्ट्रेडल बनाना अभिशंसित नहीं करता, क्योंकि इसमें यदि मार्केट रेंज बाउंड रहा तो आपका दोनों तरफ का प्रीमियम व्यर्थ चला जाएगा और आप बड़े नुकसान में रहेंगे।

प्रतिदिन इंट्राडे में लॉन्ग स्ट्रेडल ओपन प्राइस के आसपास पहले आधे घंटे के ट्रेड में बनाने तथा अंतिम आधे घंटे में क्लोज प्राइस के आसपास जो भी नफा–नुकसान हो, उस पर क्लोज कर देने से रंज बाउंड मार्केट में भी पूरे महीने का प्रीमियम व्यर्थ नहीं जाता, बल्कि कभी नुकसान तो कभी फायदा होकर कुछ–न–कुछ प्रीमियम बचा रहता है।

अब कभी बुल रन में मार्केट हो और महीने के ज्यादातर दिनों में मार्केट में रोज 1–1.5 प्रतिशत से ज्यादा का उतार–चढ़ाव हो या बीयर रन के मार्केट में भी महीने के ज्यादातर दिनों में मार्केट बड़े उतार–चढ़ाव में हो तो आपको हो सकता है, उस महीने में लॉन्ग स्ट्रेडल में फायदा मिल जाए, पर नियमित मासिक आय के लिए लॉन्ग स्ट्रेडल ज्यादा कारगर नहीं होता है।

कुल मिलाकर, इस पुस्तक में आपको लॉन्ग स्ट्रेडल से कमाना नहीं सिखाया जाएगा, क्योंकि लॉन्ग स्ट्रेडल ऑप्शन ट्रेडिंग की

एडवांस स्ट्रेटेजी नहीं है। यह कॉमन स्ट्रेटेजी है, जो महीने में 1 से 1.5 प्रतिशत का मूव आने पर ही लाभप्रद होती है। इस अध्याय में आपको शॉर्ट स्ट्रेडल से कमाना सिखाया जाएगा। मैंने अपने यूट्यूब चैनल पर पहले से ही इस विधि का वीडियो अपलोड कर रखा है। इसलिए शॉर्ट स्ट्रेडल की मेरी इस सिंपल स्ट्रेटेजी से मेरे बहुत से फॉलोवर्स नियमित मासिक आय कमा रहे हैं। यह शॉर्ट स्ट्रेडल किस प्रकार बनाना होता है, पहले आपको इसकी थ्योरी समझा दूँ। इस विधि को मैंने इंट्राडे में ऑप्शन ट्रेडिंग से लगभग 10 प्रतिशत मासिक आय कैसे कमाएँ, इस नाम से अपने चैनल पर डाल रखा है। आप इसी नाम को गूगल/यूट्यूब पर सर्च करके इससे संबंधित मेरा यूट्यूब वीडियो भी देख सकते हैं।

जैसा कि इस विधि का नाम 'ओपन सेलिंग' है, इसलिए इसमें ओपन प्राइस के आसपास आपको 1-1 कॉल-पुट एक साथ बेचकर शॉर्ट स्ट्रेडल बनाना है। अब आप पूछेंगे कि 1-1 कॉल-पुट क्यों ? इसमें तो मजा कम आएगा। मैं तो 10-10 लॉट एक साथ बेचता हूँ, तभी मजा ज्यादा आता है।

इसमें मेरा निवेदन यह है कि यदि आपके पास ज्यादा पैसा है तो भी 1-1 लॉट से ज्यादा नहीं बेचें, क्योंकि पुस्तक का अंत यहीं पर नहीं है। मैं आपको पुस्तक में ऐसी बहुत सारी विधियाँ बताने वाला हूँ। यदि आपके पास ज्यादा पैसा है तो उन विधियों का भी प्रयोग कर सकते हैं।

अब, इस विधि में मेरे फॉलोवर्स एक शंका यह भी करते हैं कि ओपन प्राइस पर बेचना कैसे संभव है ? ऑप्शन में प्राइस बहुत तेजी से बदलते हैं, तो हम ओपन होते ही कैसे बेच सकते हैं ?

आपकी बात एकदम सही है। मैं यहाँ ओपन होते ही बेचना नहीं कर रहा हूँ। ओपन प्राइस का अर्थ निफ्टी का ओपन प्राइस है, जिसका प्रयोग हम स्ट्राइक प्राइस का चयन करने में करते हैं। अर्थात् इस शेयर जीनियस

ओपन सेलिंग शॉर्ट स्ट्रेडल में निफ्टी के ओपन प्राइस के आधार पर जो भी एट द मनी कॉल (ए.टी.एम. कॉल) होती है, उसी स्ट्राइक प्राइस की कॉल बेचते हैं तथा जिस स्ट्राइक प्राइस की कॉल बेची है, उसी स्ट्राइक की पुट बेचते हैं।

कॉल–पुट जो बेची है, दोनों एक ही एक्सपायरी की होनी चाहिए। जैसे 25 जनवरी, 2023 की मंथली एक्सपायरी की सीरीज 30 दिसंबर, 2022 से प्रारंभ हुई थी।

अब, आप यदि 30 दिसंबर, 2022 को ओपन सेलिंग स्ट्रेडल बनाना चाहते थे तो इस दिन 30 दिसंबर, 2022 को निफ्टी का ओपन प्राइस देखेंगे कि यह 18,259.10 था। इसका तात्पर्य है कि 18,250 की स्ट्राइक प्राइस की कॉल ए.टी.एम. कॉल है, इसलिए आपको 18,250 स्ट्राइक प्राइस की 1–1 कॉल–पुट बेचनी थी। अब अगला प्रश्न आता है कि 'कब बेचनी थी ?' तो मार्केट खुलने के प्रथम आधे घंटे में बेचनी थी।

यह ट्रेड लेने से आपको दिन भर प्रीमियम में हुए सामयिक ह्रास (Time decay) का फायदा मिलेगा। जैसा कि आप जानते हैं, समय के साथ-साथ प्रीमियम घटता जाता है; दूसरा, मार्केट किसी भी दिशा में जाए, आपकी एक ट्रेड पर प्रीमियम बढ़ेगा तो दूसरे में घटेगा। ओवर ऑल मार्केट बंद होने के आखिरी आधे घंटे में आपको जो भी प्रॉफिट-लॉस हो, उस पर इस ट्रेड को कवर कर लेना था। अब आपने पहले कॉल–पुट बेची है तो इसे वापस खरीद लेने का अर्थ होगा—इसे कवर कर लेना।

इस विधि में आपको सबसे ज्यादा फायदा उस महीने में मिलता है, जब मार्केट में ज्यादा बड़े उतार-चढ़ाव नहीं होते। इस विधि को हिस्टोरिकल डाटा से चेक करने के लिए अपने पास एक ही तरीका है कि हम यह मानें कि हमने ओपन प्राइस के आसपास कॉल–पुट बेची है तथा क्लोज प्राइस के आसपास उसको कवर किया है।

प्रैक्टिकल में जब आप इसका प्रयोग करेंगे तो आप देखेंगे कि आप न तो एकदम ओपन प्राइस पर बेच सकते हैं, न ही एकदम क्लोज प्राइस पर बेच सकते हैं। इनमें थोड़ा-बहुत अंतर तो होगा ही। परंतु हिस्टोरिकल डाटा से ओपन-क्लोज प्राइस के आधार पर इस विधि को चेक करके आप इसकी परफॉर्मेंस का मोटा-मोटा अनुमान तो लगा ही सकते हैं।

इस हिसाब से, यदि 30 दिसंबर, 2022 को आपने मार्केट के ओपन प्राइस 18,259.10 के आधार पर 18,250 की कॉल-पुट एक साथ बेची होती तो 18,250 की कॉल पर आपको लगभग 306.10 रुपए प्रीमियम मिलता। असल में, 18,250 की कॉल 30 मार्च, 2022 को 306.10 पर ओपन हुई थी। मैं मानता हूँ कि यह सही है कि आप इसे 306.10 पर नहीं पकड़ सकते थे; परंतु हो सकता है, आप पहले आधे घंटे में 306.10 से ऊपर भी प्रीमियम ले सकते थे और इससे कुछ कम भी मिल सकता था।

इससे ओवर ऑल हमारी गणना पर कोई ज्यादा फर्क नहीं पड़ने वाला है; क्योंकि यदि कॉल पर आपको 306.10 से कम प्रीमियम मिलता तो लगभग उतना ही आपको पुट पर ज्यादा प्रीमियम भी मिल जाता। आप जानते ही हैं कि कॉल-पुट को शॉर्ट करने पर इनका प्रीमियम एक-दूसरे से विपरीत चलता है।

क्योंकि यदि ओपन होने के बाद मार्केट गिरता तो ही आपके कॉल पर कम प्रीमियम मिलता; परंतु मार्केट गिरने पर आपको पुट पर मिलने वाला प्रीमियम बढ़ जाता। इसलिए, हम जो बैकटेस्ट हिस्टोरिकल डाटा के आधार पर कॉल-पुट का ओपन व क्लोज प्राइस लेकर करने वाले हैं, इसका नतीजा लगभग रीयल टाइम के प्रैक्टिकल बैकटेस्ट के समान ही आएगा।

30 दिसंबर, 2022 को मार्केट घटकर 18,105.30 पर क्लोज हुआ, इसलिए क्लोज प्राइस के आसपास 18,250 की कॉल का प्रीमियम

306.10 से घटकर 241.05 ही रह गया था। निफ्टी का 50 का लॉट है, इसलिए इस ट्रेड में आपको प्रति निफ्टी शेयर 65.05 का लाभ होता। इसको 50 से गुणा करने पर आपको प्रति लॉट 3,252.50 रुपए का फायदा होता।

अब, स्वाभाविक है कि आपको कॉल की ट्रेड में प्रॉफिट हुआ है तो पुट की ट्रेड में नुकसान होगा। 30 दिसंबर, 2022 की पुट की ट्रेड में 255 ओपन प्राइस पर शॉर्ट सेल करने का प्रीमियम था और पोजीशन कवर करने का प्रीमियम 289.80 था, अर्थात् आपको प्रति शेयर (प्रति निफ्टी) 34.80 का घाटा हुआ तथा 50 के लॉट पर 1,740 का घाटा हुआ। अब कॉल-पुट एक साथ बेचने के इस शॉर्ट स्ट्रेडल पर आपको 3,252.50 का फायदा और 1,740 का घाटा हुआ तो कुल मिलाकर, आपको ओवर ऑल 1,512.50 का प्रॉफिट बच जाता।

जैसा कि आपने पिछले अध्याय में पढ़ा था कि इसमें लगभग 1 लाख रुपए की मार्जिन मनी का निवेश होता है। अत: 1 लाख रुपए के निवेश पर एक दिन में 1,512.50 रुपए की कमाई को बहुत अच्छा रिटर्न कहा जा सकता है। परंतु, इसका अर्थ यह कदापि नहीं है कि अब आपके हाथ अलादीन का चिराग लग गया है और अब आप शॉर्ट स्ट्रेडल बनाते रहेंगे तथा इसी प्रकार से अच्छा रिटर्न कमाते रहेंगे।

असल में, ऑप्शन ट्रेडिंग की कोई भी विधि शत-प्रतिशत सुरक्षित नहीं है। आपको इसमें रोज फायदा ही होगा, इसकी कोई गारंटी नहीं है। यदि इस एक ही विधि से कमाई की गारंटी होती तो मैं आपको इस पुस्तक के पहले अध्याय में कम-से-कम 15 लाख रुपए की मार्जिन मनी होने पर ही ऑप्शन ट्रेडिंग करने की सलाह क्यों देता ?

इस शॉर्ट स्ट्रेडल में तो 1-1 लॉट शॉर्ट करने के लिए लगभग 1 लाख रुपए मार्जिन मनी से ही काम चल जाता है, फिर 15 लाख की आवश्यकता क्यों ? असल में, ऑप्शन ट्रेडिंग की किसी भी विधि से

आपको रोज कमाई ही होगी, इस बात की कोई गारंटी नहीं है।

मैं आपको 25 जनवरी, 2023 के हिस्टोरिकल डाटा के आधार पर समझाने का प्रयास करता हूँ कि आपने यदि 25 जनवरी, 2023 की निफ्टी की मंथली एक्सपायरी में पूरे महीने शॉर्ट स्ट्रेडल बनाया होता तो क्या परिणाम रहते!

जैसा कि मैं पहले बता चुका हूँ कि हम हिस्टोरिकल डाटा के आधार पर बैकटेस्ट अनुमानित करने के लिए यह मानते हैं कि हमने ओपन प्राइस पर बेचा है और क्लोज प्राइस पर पोजीशन को कवर किया होता है। यद्यपि व्यवहार में ऐसा संभव नहीं है, परंतु आप प्रथम 30 मिनट में ओपन प्राइस के आसपास पोजीशन बना सकते हैं और अंतिम 30 मिनट में क्लोज प्राइस के आसपास कवर कर सकते हैं। चूँकि कॉल-पुट के प्राइस एक-दूसरे के विपरीत चलते हैं, इसलिए ओवर ऑल इसमें ओपन-क्लोज के आधार पर की गई इस अनुमानित गणना एवं रीयल ट्रेड की गणना में कोई ज्यादा अंतर नहीं आता।

25 जनवरी, 2023 की मंथली एक्सपायरी की सीरीज 30 दिसंबर, 2022 को प्रारंभ हुई थी। इसलिए 30 दिसंबर, 2022 को आपने ओपन प्राइस पर निफ्टी के ओपन प्राइस वाली स्ट्राइक प्राइस की कॉल बेची होती और क्लोज प्राइस पर कवर की होती तो इस प्रकार की ट्रेड में आपको पूरे महीने में 14,892.50 रुपए का फायदा होता, जो आप इस टेबल में देख सकते हैं—

टेबल-1

दिनांक	खुला	बंद	कॉल ब्रिकी	प्रीमियम प्राप्ति	पर चुकता करना	लाभ/हानि
30-Dec-22	18,259.1	18,105.3	18,250	306.1	241.05	3,252.5
02-Jan-23	18,131.7	18,197.45	18,100	315	351.2	-1,810
03-Jan-23	18,163.2	18,232.55	18,150	293.2	332.95	-1,987.5
04-Jan-23	18,230.65	18,042.95	18,200	291.25	191.2	5,002.5
05-Jan-23	18,101.95	17,992.15	18,100	262.9	206.15	2,837.5
06-Jan-23	18,008.05	17,859.45	18,000	252.05	186.25	3,290
09-Jan-23	17,952.55	18,101.2	17,950	255.95	330.25	-3,715
10-Jan-23	18,121.3	17,914.15	18,100	220.25	146.9	3,667.5
11-Jan-23	17,924.25	17,895.7	17,900	255.75	230.75	1,250
12-Jan-23	17,920.85	17,858.2	17,900	240.7	196.45	2,212.5
13-Jan-23	17,867.5	17,956.6	17,850	219.8	268.85	-2,452.5
16-Jan-23	18,033.15	17,894.85	18,000	210	125.8	4,210
17-Jan-23	17,922.8	18,053.3	17,900	180.65	257.9	-3,862.5
18-Jan-23	18,074.3	18,165.35	18,050	170	218.35	-2,417.5
19-Jan-23	18,119.8	18,107.85	18,100	151	116.85	1,707.5
20-Jan-23	18,115.6	18,027.65	18,100	113	70.05	2,147.5
23-Jan-23	18,118.45	18,118.55	18,100	75.3	90.3	-750
24-Jan-23	18,183.95	18,118.3	18,150	81	34.8	2,310
25-Jan-23	18,093.35	17,891.95	एक्सपायरी के दिन कोई ट्रेड नहीं			0
महीने का कुल लाभ						**14,892.5**

यहाँ आप देखेंगे कि 25 जनवरी, 2023 को एक्सपायरी के दिन कोई ट्रेड नहीं लिया गया है, क्योंकि एक्सपायरी को प्रीमियम बहुत ही कम मिलता है और एक्सपायरी को उतार-चढ़ाव ज्यादा होने से ज्यादातर नुकसान होने की संभावना रहती है। अत: मेरी विधियों में एक्सपायरी के दिन कोई ट्रेड नहीं लेना है।

अब पुट की ट्रेड देखते हैं। यदि 30 दिसंबर, 2023 से रोज पुट ओपन प्राइस पर शॉर्ट व क्लोज पर कवर की होती तो निम्न प्रकार से पूरे महीने में 3,760 रुपए का नुकसान होता—

टेबल-2

दिनांक	खुला	बंद	कॉल बिक्री	प्रीमियम प्राप्ति	पर चुकता करना	लाभ/हानि
30-Dec-22	18,259.1	18,105.3	18,250	255	289.8	-1,740
02-Jan-23	18,131.7	18,197.45	18,100	212.45	179.05	1,670
03-Jan-23	18,163.2	18,232.55	18,150	211.95	166.65	2,265
04-Jan-23	18,230.65	18,042.95	18,200	193.95	289.4	-4,772.5
05-Jan-23	18,101.95	17,992.15	18,100	230	241.55	-577.5
06-Jan-23	18,008.05	17,859.45	18,000	190.45	243.95	-2,675
09-Jan-23	17,952.55	18,101.2	17,950	201.65	111.8	4,492.5
10-Jan-23	18,121.3	17,914.15	18,100	168.1	263.25	-4,757.5
11-Jan-23	17,924.25	17,895.7	17,900	165.7	172.3	-330
12-Jan-23	17,920.85	17,858.2	17,900	131.9	181.65	-2,487.5
13-Jan-23	17,867.5	17,956.6	17,850	154.95	99.95	2,750
16-Jan-23	18,033.15	17,894.85	18,000	143.7	185.65	-2,097.5
17-Jan-23	17,922.8	18,053.3	17,900	137	72.95	3,202.5
18-Jan-23	18,074.3	18,165.35	18,050	122	70.2	2,590
19-Jan-23	18,119.8	18,107.85	18,100	98.5	102.7	-210
20-Jan-23	18,115.6	18,027.65	18,100	102	116.1	-705
23-Jan-23	18,118.45	18,118.55	18,100	55.15	43.8	567.5
24-Jan-23	18,183.95	18,118.3	18,150	38.65	57.55	-945
25-Jan-23	18,093.35	17,891.95		एक्सपायरी के दिन कोई ट्रेड नहीं		0
महीने का कुल लाभ						-3,760

ओवर ऑल पूरे माह में आपको 14,892.50−3,760=11,132.50 का फायदा होता।

परंतु, ऑप्शन मार्केट में पैसा कमाना इतना आसान नहीं है कि आप बस, शॉर्ट स्ट्रेडल इस विधि से बनाते रहेंगे और प्रत्येक महीने इसी प्रकार 10−12 प्रतिशत रिटर्न कमाते रहेंगे।

असल में, शेयर बाजार की चाल कभी भी एक जैसी नहीं रहती। कभी मार्केट लगातार बीयर रन में रहता है, कभी मार्केट लगातार साइड वेज चलता है। इसलिए, यह स्वाभाविक है कि एक ही मैथड लगातार मार्केट की हर परिस्थिति में कमाकर नहीं दे सकता। अब शॉर्ट स्ट्रेडल विधि का एक विपरीत पक्ष देख लीजिए कि यदि आपने 27 अक्तूबर, 2022 की एक्सपायरी वाले महीने में इस विधि से पूरे महीने रोज इंट्राडे में शॉर्ट स्ट्रेडल बनाया होता तो आपको पूरे महीने में कॉल बेचने पर निम्न प्रकार से लगभग 11,630 रुपए का घाटा हुआ होता।

27 अक्तूबर, 2022 की एक्सपायरी वाले महीने में कॉल ओपन प्राइस पर बेचने और क्लोज प्राइस पर कवर करने से हुआ नुकसान—

टेबल-3

दिनांक	खुला	बंद	कॉल ब्रिकी	प्रीमियम प्राप्ति	पर चुकता करना	लाभ/हानि
30-Sep-22	16,798.05	17,094.35	16,750	395	**570.15**	-8,757.5
03-Oct-22	17,102.1	16,887.35	17,100	326.8	**254.1**	3,635
04-Oct-22	17,147.45	17,274.3	17,100	325	**434.15**	-5,457.5
06-Oct-22	17,379.25	17,331.8	17,350	330	**285.95**	2,202.5
07-Oct-22	17,287.2	17,314.65	17,250	318.55	**329.7**	-557.5
10-Oct-22	17,094.35	17,241	17,050	325.9	**376.1**	-2,510
11-Oct-22	17,256.05	16,983.55	17,250	250.95	**165**	4,297.5
12-Oct-22	17,025.55	17,123.6	17,000	228	**336.7**	-5,435
13-Oct-22	17,087.35	17,014.35	17,050	280	**245.1**	1,745
14-Oct-22	17,322.3	17,185.7	17,300	200.5	**171.05**	1,472.5
17-Oct-22	17,144.8	17,311.8	17,100	300	**332.65**	-1,632.5
18-Oct-22	17,438.75	17,486.95	17,400	175.25	**236.45**	-3,060
19-Oct-22	17,568.15	17,512.25	17,550	154.95	**132.2**	1,137.5
20-Oct-22	17,423.1	17,563.95	17,400	160.15	**222.1**	-3,097.5
21-Oct-22	17,622.85	17,576.3	17,600	120	**93.3**	1,335
24-Oct-22	17,736.35	17,730.75	मुहूर्त ट्रेडिंग ऑप्शन बंद			0
25-Oct-22	17,808.3	17,656.35	17,800	80	**18.95**	3,052.5
27-Oct-22	17,771.4	17,736.95	एक्सपायरी के दिन कोई ट्रेड नहीं			0
कुल लाभ/महीने का कुल लाभ						-11,630

ऊपर की टेबल में आप देख सकते हैं कि 24 अक्तूबर, 2022 को शेयर मार्केट ओपन तो हुआ था, क्योंकि उस दिन दीपावली थी और मार्केट सिर्फ एक घंटे के लिए मुहूर्त ट्रेडिंग हेतु ओपन हुआ था, इसलिए इस दिन ऑप्शन मार्केट बंद ही था।

27 अक्तूबर, 2022 को एक्सपायरी होने के कारण कोई ट्रेड नहीं लेना है तथा मेरी किसी भी विधि का प्रयोग एक्सपायरी के दिन नहीं करना है। यूट्यूब पर मेरी मुफ्त कक्षाओं के दौरान कुछ अति उत्साहित फॉलोवर्स पूछते हैं कि एक्सपायरी के दिन हम अगले सप्ताह या माह की एक्सपायरी में ट्रेड कर सकते हैं क्या ?

इसका उत्तर मैं नहीं देता हूँ, क्योंकि एक्सपायरी के दिन ओवर ऑल मार्केट ही परिवर्तनशील एवं उतार-चढ़ाव वाला होता है, जिसका असर किसी भी माह या सप्ताह की एक्सपायरी पर पड़ता है।

इस प्रकार, आप उक्त टेबल में देख सकते हैं कि यदि आपने 27 अक्तूबर, 2022 की एक्सपायरी वाले महीने में इस विधि से पूरे महीने रोज इंट्राडे में शॉर्ट स्ट्रेडल बनाया होता तो आपको पूरे महीने में कॉल बेचने पर लगभग 11,630 रुपए का घाटा हुआ होता। इसके विपरीत, पुट बेचने में सिर्फ 450 रुपए का फायदा होता, जो आप निम्न टेबल में देख सकते हैं—

टेबल–4

दिनांक	खुला	बंद	कॉल ब्रिकी	प्रीमियम प्राप्ति	पर चुकता करना	लाभ/हानि
30-Sep-22	16,798.05	17,094.35	16,750	347.05	242.45	5,230
03-Oct-22	17,102.1	16,887.35	17,100	359.05	461.5	-5,122.5
04-Oct-22	17,147.45	17,274.3	17,100	300.6	241.35	2,962.5
06-Oct-22	17,379.25	17,331.8	17,350	276.1	309.4	-1,665
07-Oct-22	17,287.2	17,314.65	17,250	287.5	250.05	1,872.5
10-Oct-22	17,094.35	17,241	17,050	255.55	198.8	2,837.5
11-Oct-22	17,256.05	16,983.55	17,250	252.4	434.75	-9,117.5
12-Oct-22	17,025.55	17,123.6	17,000	251.2	226.35	1,242.5
13-Oct-22	17,087.35	17,014.35	17,050	258.55	283.05	-1,225
14-Oct-22	17,322.3	17,185.7	17,300	241.55	275.55	-1,700
17-Oct-22	17,144.8	17,311.8	17,100	197.15	132.65	3,225
18-Oct-22	17,438.75	17,486.95	17,400	169.8	136.75	1,652.5
19-Oct-22	17,568.15	17,512.25	17,550	180.05	187.4	-367.5
20-Oct-22	17,423.1	17,563.95	17,400	151.2	82.1	3455
21-Oct-22	17,622.85	17,576.3	17,600	138.45	129.75	435
24-Oct-22	17,736.35	17,730.75	मुहूर्त ट्रेड ऑप्शन बंद			0
25-Oct-22	17,808.3	17,656.35	17,800	95.95	161.25	-3,265
27-Oct-22	17,771.4	17,736.95	एक्सपायरी के दिन कोई ट्रेड नहीं			0
कुल लाभ/महीने का कुल लाभ						**450**

अत: इस पूरे महीने में आपको 11,630 रुपए का घाटा और 450 रुपए का मुनाफा होने से ओवर ऑल आपको माह में 11,180 रुपए का घाटा होता।

परंतु, इसी अक्तूबर 2022 की एक्सपायरी के लिए आपने पूरे महीने शॉर्ट स्ट्रेंगल ('स्ट्रेंगल' स्ट्रेडल का ही सुधरा हुआ स्वरूप है, जिसके बारे में आपको अगले अध्याय में बताया जाएगा) बनाया होता तो आपको 12,740 रुपए का फायदा होता।

इसलिए, आपको रोज 1–1 से ज्यादा लॉट में शॉर्ट स्ट्रेडल नहीं बनाना है। बाकी बचे हुए मार्जिन को इस पुस्तक में सिखाई गई अन्य विधियों में काम में लेना है, ताकि एक विधि में नुकसान हो तो उस दिन दूसरी विधि में फायदा होकर आपको ओवर ऑल फायदा रहे।

दूसरा, इस विधि का प्रयोग सिर्फ निफ्टी, बैंक निफ्टी की मंथली एक्सपायरी में ही करना है। तीसरी बात स्टॉप लॉस की है। जब भी आपको 1–1 लॉट बेचने पर कॉल या पुट किसी भी एक लेग में 2,000 (दो हजार) से ऊपर का लॉस दिखाई देने लगे, उस समय आपको कॉल व पुट—दोनों को एक साथ कवर करके शॉर्ट स्ट्रेडल को कवर कर लेना है।

इससे आपका कुल नुकसान 2,000 से भी कम का होगा; क्योंकि कॉल-पुट, जो आपने एक साथ बेचे हैं, वे एक-दूसरे के विपरीत चलते हैं, अर्थात् एक में नुकसान हुआ है तो दूसरे में प्रॉफिट होता है। इसलिए एक लेग में (कॉल या पुट किसी भी एक में) यदि 2,000 का नुकसान हो रहा है तो दूसरे में कुछ-न-कुछ प्रॉफिट तो हो ही रहा होगा। इसलिए कुल मिलाकर, आपको उस दिन का नुकसान 2,000 से नीचे ही सीमित रहता है।

यदि नुकसान 2,000 से नीचे सीमित रहे (कॉल-पुट किसी एक में 2,000 की बात हो रही है, दोनों को मिलाकर नहीं) तो आप पोजीशन होल्ड रखकर मार्केट के अंतिम आधे घंटे में स्क्वेचर ऑफ कर सकते हैं।

कुल मिलाकर, ट्रेडिंग एक कला है। आप इंट्राडे के इस शॉर्ट स्ट्रेडल का अभ्यास ऊपर बताए गए स्टॉप लॉस के साथ करेंगे तो आप ज्यादातर महीनों में लाभ कमाने में सफल रहेंगे। बाकी हमेशा याद रखें, ऑप्शन ट्रेडिंग की किसी भी विधि में 100 प्रतिशत लाभ ही होगा, इस बात की कोई गारंटी नहीं होती। ट्रेडिंग में कभी-कभी नुकसान भी होता है, जो स्वाभाविक है तथा बड़े-से-बड़े ट्रेडर भी कभी-कभी नुकसान में रहते हैं। आपके इसी नुकसान को सीमित रखने के लिए ऊपर 2,000 रुपए का स्टॉप लॉस रखना बताया गया है।

वैसे भी, इन विधियों का प्रयोग इंट्राडे में करने के कारण इनमें नुकसान ओवर नाइट होल्ड करने की तुलना में पहले से ही सीमित हो जाता है।

□

5

स्ट्रेडल एवं स्ट्रेंगल में क्या अंतर है?

अब अगले अध्याय में जो विधि बताई जाएगी, वह शॉर्ट स्ट्रेंगल पर आधारित होगी। आगे बढ़ने से पहले मैं आपको स्ट्रेडल एवं स्ट्रेंगल में अंतर को अच्छी तरह से समझा देता हूँ।

स्ट्रेडल में आप एक ही एक्सपायरी डेट की समान स्ट्राइक प्राइस की कॉल-पुट एक साथ खरीदते-बेचते हैं, परंतु स्ट्रेडल में आपको स्ट्राइक प्राइस समान रखने की आवश्यकता नहीं है। अर्थात् स्ट्रेडल में आप एक ही एक्सपायरी डेट की अलग-अलग स्ट्राइक प्राइस की कॉल-पुट एक साथ खरीदते या बेचते हैं।

यहाँ यह ध्यान रखें कि स्ट्रेंगल में ऑप्शन की एक्सपायरी डेट समान होनी आवश्यक है; परंतु आप स्ट्राइक प्राइस का चयन अलग-अलग कर सकते हैं। स्ट्रेडल की तरह स्ट्रेंगल भी दो प्रकार के होते हैं—

1. लॉन्ग स्ट्रेंगल,
2. शॉर्ट स्ट्रेंगल।

जब एक ही एक्सपायरी की अलग-अलग स्ट्राइक प्राइस की कॉल-पुट को एक साथ खरीदा जाता है तो इसे 'लॉन्ग स्ट्रेडल' कहते हैं। जैसा कि मैं पिछले अध्याय में बता चुका हूँ कि शॉर्ट स्ट्रेडल व लॉन्ग स्ट्रेडल बनाने की विधि नहीं सिखाई जाएगी।

इस पुस्तक में आपको शॉर्ट स्ट्रेडल की तरह शॉर्ट स्ट्रेंगल बनाने की अलग-अलग विधियाँ सिखाई जाएँगी।

असल में, स्ट्रेडल बनाने में फायदा तब होता है, जब आप मार्केट घटेगा या बढ़ेगा, इस बारे में अनिश्चित होते हैं; परंतु स्ट्रेंगल बनाने में आपके मन में कहीं-न-कहीं मार्केट की एक रेंज होती है कि मार्केट के इससे ऊपर या नीचे जाने की संभावना नहीं है।

अब, एक प्रश्न यह भी आता है कि स्ट्रेडल या स्ट्रेंगल—दोनों में से ज्यादा लाभप्रद कौन सी विधि है ?

इसका सीधा-सा उत्तर यह है कि यदि मार्केट की चाल के बारे में आपका अनुमान सही है तो स्ट्रेडल से स्ट्रेंगल में ज्यादा लाभ होता है; परंतु आपको इस प्रकार के प्रश्नों में उलझकर कन्फ्यूज नहीं होना है।

मेरी थ्योरी सीधी व सरल है, जिसमें यदि आपके पास 15 लाख रुपए मार्जिन मनी है तो इसमें से 2 लाख रुपए मार्जिन मनी का उपयोग करके पिछले अध्याय में बताई गई शेयर जीनियस शॉर्ट स्ट्रेडल-1, ओपन सेलिंग विधि के प्रयोग से 1-1 लॉट का शॉर्ट स्ट्रेडल निफ्टी व बैंक निफ्टी दोनों में बनाना है।

निफ्टी के शेयर जीनियस ओपन सेलिंग स्ट्रेडल में आपको मंथली एक्सपायरी का प्रयोग करना है और बैंक निफ्टी में आपको वीकली एक्सपायरी का प्रयोग करना है।

उक्त 1-1 कॉल-पुट के लॉट की सेलिंग से बने शॉर्ट स्ट्रेडल को इंट्राडे में बनाना है तथा कॉल या पुट किसी भी एक पोजीशन में 2,000 रुपए से ज्यादा का नुकसान होने लगे तो इसे स्टॉप लॉस मानकर दोनों पोजीशनें उसी समय कवर कर लेनी हैं।

यदि यह स्टॉप लॉस ट्रिगर नहीं हो तो दोनों पोजीशन मार्केट के अंतिम आधे घंटे में कवर करनी है।

अब 15 लाख रुपए मार्जिन मनी में से लगभग 2 लाख रुपए का प्रयोग निफ्टी-बैंक निफ्टी के 1-1 शॉर्ट स्ट्रेडल बनाने में हो जाएगा, शेष 13 लाख रुपए में से 2 लाख रुपए का उपयोग करके अगले अध्याय

में बताई गई शेयर जीनियस शॉर्ट स्ट्रेंगल विधि में भी निफ्टी-बैंक निफ्टी दोनों में 1-1 लॉट से शेयर जीनियस शॉर्ट स्ट्रेंगल बनाना है।

वैसे, आजकल फिन निफ्टी में भी ट्रेडिंग प्रारंभ हो गई है। आप चाहें तो फिन निफ्टी में भी अलग-अलग स्ट्राइक प्राइस पर स्ट्रेडल एवं स्ट्रेंगल बना सकते हैं।

यहाँ मेरे कहने का सीधा-सा अर्थ यह है कि ऑप्शन ट्रेडिंग में सफल होने के लिए आपको किसी एक ही रणनीति पर आधारित नहीं रहना चाहिए और सभी पोजीशन एक ही स्ट्राइक प्राइस, एक ही एक्सपायरी तथा एक ही समय पर नहीं बनानी चाहिए।

ऊपर दिया गया वाक्य मेरा ब्रह्म वाक्य है। यह समझने में थोड़ा कठिन लग सकता है और कइयों के लिए चौंकाने वाला हो सकता है; परंतु मैं आपको फिर से समझाता हूँ।

मैंने लिखा है कि ऑप्शन ट्रेडिंग में सफल होने के लिए आपको किसी एक ही रणनीति पर आधारित नहीं रहना चाहिए और सभी पोजीशन एक ही स्ट्राइक प्राइस, एक ही एक्सपायरी तथा एक ही समय पर नहीं बनानी चाहिए।

जैसे आप ओपन सेलिंग स्ट्रेडल बनाते हैं, जिसकी विधि मैंने अध्याय 4 में बताई है, तो बेवकूफों की तरह मार्केट ओपन होते ही ताबड़तोड़ निफ्टी, बैंक निफ्टी, फिन निफ्टी—सब में ओपन प्राइस के आधार पर ओपन प्राइस के आसपास सबकी मंथली एक्सपायरी में शॉर्ट स्ट्रेडल बना देंगे तो स्वाभाविक है कि मार्केट की एकतरफा चाल चल देने पर आप घबरा जाएँगे और आपकी सभी पोजीशन लॉस में दिखेगी तो आप भावुक रूप से कमजोर होकर सभी में लॉस बुक कर लेंगे तथा मुझे मेरे चैनल पर आकर कमेंट बॉक्स में गालियाँ निकालेंगे या इस पुस्तक के रिव्यू सेक्शन में नेगेटिव रिव्यू देकर अपनी भड़ास निकालेंगे।

आप एडवांस ऑप्शन ट्रेडर बनना चाहते हैं तो आप में धैर्य व समझदारी होनी आवश्यक है। आप मार्केट खुलने के बाद पहले 15

मिनट मार्केट स्थिर होने का इंतजार करें, फिर सिर्फ निफ्टी की अपनी पोजीशन बनाएँ, वह भी मंथली एक्सपायरी में।

अब, अगले 15 मिनट तक अपनी पोजीशन पर नजर रखें। अब वीकली एक्सपायरी में बैंक निफ्टी की पोजीशन बनाएँ। उसके बाद फिर से अगले 15 मिनट तक दोनों पोजीशन पर नजर रखें, फिर निर्णय करें कि आज आपको तीसरी पोजीशन ओपन प्राइस सेलिंग स्ट्रेडल की बनानी है या नहीं! फिर आवश्यक लगे तो उससे अगले वीक की एक्सपायरी में फिन निफ्टी में तीसरी पोजीशन बनाएँ।

आप कहेंगे, फिर ओपन प्राइस का प्रीमियम कैसे मिलेगा? हम तो ओपन होने के बाद 45 मिनट तक लेट हो जाएँगे?

अरे भाई, मैं पहले ही इस पुस्तक में लिख चुका हूँ कि ओपन प्राइस का प्रीमियम सिर्फ समझाने के लिए है। आपको सिर्फ ओपन प्राइस का प्रयोग स्ट्राइक प्राइस का चयन करने के लिए करना है, बाकी आप विलंब से भी शॉर्ट स्ट्रेडल बनाएँगे तो कोई खास फर्क नहीं पड़ेगा; क्योंकि कॉल व पुट के प्रीमियम एक-दूसरे से विपरीत चलते हैं। इसलिए, एक में प्रीमियम घटेगा तो दूसरे में बढ़ेगा।

अब, अगले अध्याय में आप शेयर जीनियस शॉर्ट स्ट्रेंगल के बारे में सीखेंगे।

☐

6

शेयर जीनियस शॉर्ट स्ट्रेंगल विधि से 12 प्रतिशत मासिक रिटर्न कैसे मिला?

शेयर जीनियस शॉर्ट स्ट्रेंगल विधि को आपको निफ्टी की मंथली एक्सपायरी वाली सीरीज में और बैंक निफ्टी/फिन निफ्टी की वीकली एक्सपायरी वाली सीरीज में प्रयोग करना है।

जैसा कि स्ट्रेंगल का नियम है, आपको कॉल व पुट-दोनों की एक्सपायरी का चयन करना है। इसमें ऐसा नहीं चलेगा कि आप कॉल मंथली एक्सपायरी की बेचें और पुट वीकली एक्सपायरी की बेचें।

स्ट्रेंगल में कॉल-पुट की स्ट्राइक प्राइस अलग-अलग हो सकती है, परंतु एक्सपायरी हमेशा एक ही होनी अनिवार्य है। अब शेयर जीनियस शॉर्ट स्ट्रेंगल में स्ट्राइक प्राइस का चयन कैसे करना है, वह समझ लीजिए।

इसके लिए जिस दिन आपको शेयर जीनियस शॉर्ट स्ट्रेडल बनाना है, उससे पिछले दिन की निफ्टी का डाटा देखिए। उस डाटा में से पिछले दिन के हाई व लो प्राइस को नोट कर लीजिए। जैसे 30 सितंबर, 2022 को निफ्टी ऑप्शन की अक्तूबर 2022 सीरीज का प्रारंभ हुआ।

30 सितंबर, 2022 को आप इंट्राडे में निफ्टी अक्तूबर 2022 की एक्सपायरी वाली सीरीज में शेयर जीनियस शॉर्ट स्ट्रेंगल बनाना चाहते थे। तो 30 सितंबर, 2022 से एक दिन पहले, अर्थात् 29 सितंबर, 2022 की निफ्टी के डेटा पर नजर डालिए।

दिनांक	खुला	उच्चतम	न्यूनतम	बंद
29 सितंबर, 2022	16,993.6	17,026.05	16,788.6	16,818.1

अर्थात् 29 सितंबर को निफ्टी ने अधिकतम 17,026.05 का हाई बनाया और न्यूनतम 16,788.60 का लो बनाया। अब हमें यह सीधा-सादा अनुमान है कि आज की ट्रेड में निफ्टी यदि रेंज बाउंड ट्रेड करता है तो इसके पिछले दिन के हाई से ऊपर तथा पिछले दिन के हाई से ऊपर और पिछले दिन के लो से नीचे जाना मुश्किल रहेगा।

इसलिए, हम कॉल बेचने के लिए जो स्ट्राइक प्राइस चयन करेंगे तथा इस पिछले दिनों के हाई 17,026.05 से बिल्कुल ऊपर का स्ट्राइक प्राइस होगा, अर्थात् हम 17,050 की कॉल बेचेंगे और पुट के लिए पिछले दिन के लो की बिल्कुल नीचे की स्ट्राइक प्राइस का चयन करेंगे। यहाँ पिछले दिन का लो 16,788.60 है, तो हम 16,750 की पुट बेचेंगे।

यहाँ आप दो प्रश्न पूछ सकते हैं—

1. उक्त निफ्टी का पिछले दिन का जो डाटा है, वह स्पॉट प्राइस का है या फ्यूचर प्राइस का ?

2. यदि उक्त डाटा स्पॉट प्राइस का है तो आप इसे ऑप्शन में कैसे प्रयोग कर सकते हैं; क्योंकि क्या आपको मालूम नहीं है कि ऑप्शन मार्केट स्पॉट प्राइस के आधार पर न चलकर फ्यूचर प्राइस के आधार पर चलता है ?

इन दो प्रश्नों का उल्लेख मैंने इसलिए किया है कि अकसर मेरे यूट्यूब चैनल पर इसी प्रकार के प्रश्न फॉलोवर्स द्वारा कमेंट में पूछे जाते हैं। इनका सीधा-सा उत्तर है—

1. उक्त निफ्टी का डाटा स्पॉट प्राइस का है और हमें पिछले दिन के स्पॉट प्राइस के आधार पर ही स्ट्राइक प्राइस का चयन करना है, न कि फ्यूचर प्राइस के आधार पर।

2. मुझे पता है कि ऑप्शन मार्केट स्पॉट प्राइस के आधार पर न चलकर फ्यूचर प्राइस के आधार पर चलता है। परंतु मेरी विधियों की यही विशेषता है कि हम स्पॉट के आधार पर फ्यूचर के प्राइस तय करते हैं। अब पहले से ही फ्यूचर के प्राइस का प्रयोग करेंगे तो फ्यूचर के आधार पर फ्यूचर थोड़े ही तय होगा।

चलिए, अब ज्यादा विस्तार करना विषय से भटकना हो जाएगा। मैं फिर से आपको मूल बिंदु पर लेकर आता हूँ कि हम कॉल बेचने के लिए जिस स्ट्राइक प्राइस का चयन करेंगे तथा निफ्टी स्पॉट प्राइस के पिछले दिनों के हाई 17,026.05 से बिल्कुल ऊपर का स्ट्राइक प्राइस होगा, अर्थात् हम 17,050 की कॉल बेचेंगे तथा पुट के लिए पिछले दिन के लो की बिल्कुल नीचे की स्ट्राइक प्राइस का चयन करेंगे। यहाँ पिछले दिन का लो 16,788.60 है, तो हम 16,750 की पुट बेचेंगे।

मैं आपको 27 अक्तूबर, 2022 की एक्सपायरी वाली सीरीज में कॉल बेचने के पूरे हिस्टोरिकल डाटा आपको निम्न टेबल में उपलब्ध करवा रहा हूँ—

टेबल-5

दिनांक	खुला	उच्चतम	न्यूनतम	बंद	कॉल बेचना	प्रीमियम प्राप्ति	बंद होने के आखिरी 30 मिनट में स्क्वायर ऑफ	लाभ/हानि
29-Sep-22	16,993.6	17,026.05	16,788.6	16,818.1				
30-Sep-22	16,798.05	17,187.1	16,747.7	17,094.35	17,050	271.95	378	-5,302.5
03-Oct-22	17,102.1	17,114.65	16,855.55	16,887.35	17,200	283.6	211.95	3,582.5
04-Oct-22	17,147.45	17,287.3	17,117.3	17,274.3	17,150	300	401.25	-5,062.5
06-Oct-22	17,379.25	17,428.8	17,315.65	17,331.8	17,300	349.95	311.85	1,905
07-Oct-22	17,287.2	17,337.35	17,216.95	17,314.65	17,450	217.1	224.4	-365
10-Oct-22	17,094.35	17,280.15	17,064.7	17,241	17,350	175.1	213.55	-1,922.5
11-Oct-22	17,256.05	17,261.8	16,950.3	16,983.55	17,300	224.65	145.45	3,960
12-Oct-22	17,025.55	17,142.35	16,960.05	17,123.6	17,300	164.9	183.8	-945
13-Oct-22	17,087.35	17,112.35	16,956.95	17,014.35	17,150	225	193.4	1,580
14-Oct-22	17,322.3	17,348.55	17,169.75	17,185.7	17,150	286	247.3	1,935
17-Oct-22	17,144.8	17,328.55	17,098.55	17,311.8	17,350	144.85	180.2	-1,767.5
18-Oct-22	17,438.75	17,527.8	17,434.05	17,486.95	17,350	250	268.6	-930
19-Oct-22	17,568.15	17,607.6	17,472.85	17,512.25	17,550	154.95	132.2	1,137.5
20-Oct-22	17,423.1	17,584.15	17,421	17,563.95	17,650	82.3	86.3	-200
21-Oct-22	17,622.85	17,670.15	17,520.75	17,576.3	17,600	120	93.3	1,335
24-Oct-22	17,736.35	17,777.55	17,707.4	17,730.75	17,700	दीपावली ऑप्शन मार्केट बंद हुआ		
25-Oct-22	17,808.3	17,811.5	17,637	17,656.35	17,800	80	18.95	3,052.5
27-Oct-22	17,771.4	17,783.9	17,654.5	17,736.95	एक्सपायरी के दिन कोई पोजिशन न लें			
कुल लाभ/महीने भर की हानि								1,992.5

इस टेबल को देखने से आपको यह अनुमान हो जाएगा कि कैसे पिछले दिन के उच्चतम स्तर से एकदम ऊपर वाली स्ट्राइक प्राइस का चयन हमने कॉल बेचने के लिए किया है। उक्त टेबल में आपने यह भी देखा कि पूरे महीने (एक्सपायरी वाले दिन को छोड़कर) इस प्रकार शेयर जीनियस शॉर्ट स्ट्रेंगल बनाने से सिर्फ कॉल बेचने की लेग में हमें लगभग 1,992.50 का फायदा हुआ।

आप उक्त टेबल में यह भी देख पा रहे हैं कि महीने में दो ट्रेडिंग दिन 30 सितंबर, 2022 एवं 4 अक्तूबर, 2022 ऐसे हैं, जब हमें कॉल बेचने में 2,000 रुपए से ज्यादा का घाटा हुआ है। 30 सितंबर, 2022 को 5,302.50 का घाटा हुआ। यहाँ हमने यदि एक लेग में अधिकतम 2,000 (दो हजार) के घाटे पर स्टॉप लॉस का नियम रखा होता तो यहाँ 3,302.50 का अतिरिक्त नुकसान नहीं होता।

इसी प्रकार, 4 अक्तूबर, 2022 वाले दिन भी कॉल में 5,062.50 का नुकसान हुआ। यहाँ भी यदि 2,000 के अधिकतम नुकसान में स्ट्रेंगल कवर कर लिया होता तो पुट में हो रहा फायदा मिलाकर आप ओवर ऑल लाभ में निकल सकते थे। यहाँ मेरे पास हिस्टोरिकल डाटा नहीं है; परंतु आप समझ सकते हैं, जब कॉल में मार्केट बढ़ने से प्रीमियम बढ़ रहा था तो पुट में उसी अनुपात में घट भी रहा था।

अत: स्टॉप लॉस रखने पर कॉल बेचने की इस लेग में महीने भर में जो ओवर ऑल 1,992.50 का प्रॉफिट दिखाई दे रहा है, वह इससे भी कहीं ज्यादा हो सकता था। अब 27 अक्तूबर, 2022 वाली सीरीज में पूरे महीने इस विधि के अनुसार स्ट्राइक प्राइस का (पिछले दिन के न्यूनतम स्तर से एक कदम नीचे वाली स्ट्राइक प्राइस का) चयन करके पुट बेचने से हिस्टोरिकल डाटा के अनुसार पूरे महीने में निम्न प्रकार से 10,747.50 का लाभ हुआ—

टेबल-6

दिनांक	खुला	उच्चतम	न्यूनतम	बंद	कॉल बेचना	प्रीमियम प्राप्ति	बंद होने के आखिरी 30 मिनट में स्क्वायर ऑफ	लाभ / हानि
29-Sep-22	16,993.6	17,026.05	16,788.6	16,818.1				
30-Sep-22	16,798.05	17,187.1	16,747.7	17,094.35	16,750	347.05	242.45	5,230
03-Oct-22	17,102.1	17,114.65	16,855.55	16,887.35	16,700	240.05	274.65	-1,730
04-Oct-22	17,147.45	17,287.3	17,117.3	17,274.3	16,850	230	163.65	3,317.5
06-Oct-22	17,379.25	17,428.8	17,315.65	17,331.8	17,100	165.45	210.7	-2,262.5
07-Oct-22	17,287.2	17,337.35	17,216.95	17,314.65	17,300	304.95	272.05	1,645
10-Oct-22	17,094.35	17,280.15	17,064.7	17,241	17,200	318.85	261.6	2,862.5
11-Oct-22	17,256.05	17,261.8	16,950.3	16,983.55	17,050	211.65	320.1	-5,422.5
12-Oct-22	17,025.55	17,142.35	16,960.05	17,123.6	16,950	277.05	206.1	3,547.5
13-Oct-22	17,087.35	17,112.35	16,956.95	17,014.35	16,950	216.55	241.05	-1,225
14-Oct-22	17,322.3	17,348.55	17,169.75	17,185.7	16,950	113.7	132	-915
17-Oct-22	17,144.8	17,328.55	17,098.55	17,311.8	17,150	220.05	149.75	3,515
18-Oct-22	17,438.75	17,527.8	17,434.05	17,486.95	17,050	80	51.9	1,405
19-Oct-22	17,568.15	17,607.6	17,472.85	17,512.25	17,400	114.85	121.85	-350
20-Oct-22	17,423.1	17,584.15	17,421	17,563.95	17,450	156	100.4	2,780
21-Oct-22	17,622.85	17,670.15	17,520.75	17,576.3	17,400	64	53.9	505
24-Oct-22	17,736.35	17,777.55	17,707.4	17,730.75	17,500	दीपावली ऑप्शन मार्केट बंद हुआ		
25-Oct-22	17,808.3	17,811.5	17,637	17,656.35	17,700	47.5	90.6	-2,155
27-Oct-22	17,771.4	17,783.9	17,654.5	17,736.95	एक्सपायरी के दिन कोई पोजीशन न लें			
कुल लाभ / महीने भर की हानि								10,747.5

यहाँ आप उक्त टेबल में देख सकते हैं कि 6 अक्तूबर, 2022 और 11 अक्तूबर, 2022 को क्रमश: 2,262.50 एवं 5,422.50 का नुकसान हुआ है। यहाँ भी अधिकतम 2,000 वाले स्टॉप लॉस का प्रयोग करके नुकसान को सीमित किया जा सकता था। इस प्रकार, कुल मिलाकर यदि हमने बगैर स्टॉप लॉस का प्रयोग किए भी पूरे महीने यह शेयर जीनियस शॉर्ट स्ट्रेंगल बनाया होता तो पूरे महीने में कॉल में 1,992.50 का लाभ तथा पुट बेचने में 10,747.50 का लाभ होता।

अर्थात् कॉल व पुट दोनों मिलाकर 1,992.50+10,747.50=12,740 का लाभ पूरे महीने में होता, जो हमारी मार्जिन मनी लगभग 1 लाख रुपए के 12 प्रतिशत के आसपास है।

यहाँ आप यह भी देख सकते हैं कि यदि आपने स्टॉप लॉस का प्रयोग किया होता तो यह लाभ इसमें भी ज्यादा बढ़ सकता था। इस अध्याय को पढ़कर आप यदि जोश में आ जाते हैं और अंधाधुंध शेयर जीनियस शॉर्ट स्ट्रेंगल बनाने लगते हैं तथा बाद में नुकसान होने पर मुझे कोसने लगते हैं तो यह सब आपके लालच एवं आपकी नादानी का परिणाम होगा।

हमेशा याद रखें कि स्टॉप लॉस रखने के साथ-साथ मेरी प्रत्येक विधि की सिर्फ 1–1 लॉट ही शॉर्ट करने की लिमिट है।

हाँ, आप 1–1 लॉट कॉल-पुट को निफ्टी व बैंक निफ्टी दोनों में शॉर्ट करके शेयर जीनियस शॉर्ट स्ट्रेंगल बना सकते हैं। ट्रेडिंग में, विशेषकर ऑप्शन ट्रेडिंग में, कोई भी विधि 100 प्रतिशत सुरक्षित व कारगर नहीं होती। इसलिए मैंने प्रारंभ में ही 15 लाख रुपए मार्जिन मनी आवश्यक बताई थी, ताकि आप अलग-अलग विधियों को एक साथ आजमा सकें।

कभी-कभी ऐसा भी हो सकता है कि आपको शेयर जीनियस शॉर्ट स्ट्रेडल एवं शेयर जीनियस शॉर्ट स्ट्रेंगल दोनों से ही नुकसान हो। परंतु घबराएँ नहीं, पुस्तक में आगे और भी विधियाँ बताई जा रही हैं। सबका साथ में प्रयोग करने पर कुल मिलाकर आपको लाभ रहेगा।

❑

7

एक सफल ऑप्शन ट्रेडर के गुण

आपने मेरी पुस्तक 'अब्दुल शेयर बाजार में जीरो से हीरो कैसे बना?' पढ़ी होगी। इस पुस्तक में योगेंद्र नामक एक किरदार का जिक्र आया है।

हाल ही में योगेंद्र के पिता के फेफड़ों में पानी भर गया (मेडिकल टर्म में इसे 'प्लूरसी' कहते हैं)। वे 4 महीने तक एक डॉक्टर से इलाज करवाते रहे, फिर आराम नहीं होने पर उन्होंने मेरी सलाह माँगी।

अपने मित्रों के लिए मैं एक अच्छा निजी सलाहकार भी हूँ। इसलिए मैंने उनको डॉक्टर बदलने की सलाह दी और मैं उनको अपने साथ अपने एक अन्य डॉक्टर मित्र (डॉ. पुरोहित) के अस्पताल में लेकर गया।

डॉ. पुरोहित ने पहले तो हमें और पिछला इलाज करने वाले डॉक्टर को खूब खरी-खोटी सुनाई कि कैसे वह डॉक्टर यह नहीं पहचान सका कि उनके मरीज के फेफड़ों में पानी भर गया है और 4 महीने तक वह सिर्फ सर्दी-जुकाम की दवाई देता रहा।

फिर डॉ. पुरोहित ने कहा, "एक डॉक्टर की निगाह उल्लू जैसी होनी चाहिए, जो देखते ही पहचान जाए कि रोगी को क्या तकलीफ है।" मुझे डॉ. पुरोहित का यह डायलॉग जँच गया। मैं इसे ऑप्शन ट्रेडिंग के लिए सामान्य नियम के रूप में भी कह सकता हूँ कि "एक ऑप्शन ट्रेडर को उल्लू जैसा होना चाहिए।"

हँसिए मत, मैं सही कह रहा हूँ। जैसे उल्लू की निगाह तेज होती है,

वैसे ही ऑप्शन ट्रेडर को उल्लू की तरह अपनी पोजीशन पर निगाह रखनी चाहिए और किसी भी लेग में 2,000 (दो हजार) से ऊपर लॉस पाते ही तेजी से झपट्टा मारकर पोजीशन कवर कर लेनी चाहिए।

इसी प्रकार, प्रॉफिट में भी ज्यादा लालच न करें। यदि आपको ठीक-ठाक प्रॉफिट मिल रहा हो तो ज्यादा लालच न करें। दूसरा, उल्लू के पास दिमाग नहीं होता, इसलिए ऑप्शन ट्रेडर को भी ज्यादा स्मार्टनेस नहीं दिखानी चाहिए; क्योंकि ज्यादा दिमाग लगाने पर उसका नुकसान बढ़ सकता है।

इस संदर्भ में, मैं अपने यूट्यूब वीडियो पर आए एक फॉलोवर के कमेंट का संदर्भ देना चाहूँगा। मेरे एक फॉलोवर ने लिखा—'श्रीमानजी, सुप्रभात! मैंने पिछले 2 महीने में स्ट्रेडल से जो कुछ भी कमाया, वह कल एक दिन में निकल गया और अब मैं 9,000 रुपए के घाटे में आ गया हूँ। पिछले एक साल में मैं ऑप्शन ट्रेडिंग में 1 लाख रुपए से ज्यादा हार गया हूँ। आपके वीडियोज से मुझे बहुत ज्ञान मिला। परंतु जितना ज्यादा ज्ञान मुझे मिला, उतने ही ज्यादा पैसे मैं गँवाता गया। इसका स्पष्ट अर्थ है कि ज्ञान ही ऑप्शन ट्रेडिंग में नुकसान के लिए जिम्मेदार है।' मुझे उनका कमेंट बहुत रोचक लगा। मुझे इस कमेंट को पढ़कर डॉ. पुरोहित का डायलॉग याद आ गया। मुझे लगा कि ये फॉलोवर कह रहे हैं कि 'ज्यादा ज्ञान ही मेरे ऑप्शन ट्रेडिंग के नुकसान के लिए जिम्मेदार है। इसलिए यह सही है कि एक ऑप्शन ट्रेडर को उल्लू जैसा होना चाहिए।'

मेरे लिए यह सब रोचक हो गया, इसलिए मैंने उनको उनके ट्रेड का विवरण देने के लिए लिखा। इसके जवाब में उनका लंबा-चौड़ा इ-मेल आ गया। वह इ-मेल मैं इस पुस्तक में आपकी जानकारी के लिए जस-का-तस दे रहा हूँ। हो सकता है, आपको इसे पढ़ने में बोरियत हो, परंतु इस इ-मेल को ध्यान से पढ़ें। इसी में बहुत बड़ा ज्ञान छिपा है कि कैसे रिटेल निवेशक ऑप्शन ट्रेडिंग में पैसे हारता है।

मेरे एक फॉलोवर का इ-मेल—

श्रीमानजी, सुप्रभात!

जो कुछ भी मैंने 2 महीने में स्ट्रेडल से कमाया, वह कल एक दिन में निकल गया और अब मैं 9,000 रुपए के घाटे में आ गया हूँ।

कल 10.15 बजे जब मैंने मार्केट को फ्लैट होते देखा तो एक स्ट्रेंगल बना लिया। 17,600 की कॉल और 17,350 की पुट बेचकर स्ट्रेंगल बनाई; पर उसमें 1 बजे तक बड़ा घाटा देखकर मैंने 1 बजे 17,300 की कॉल एवं 17,300 की पुट बेचकर एक स्ट्रेडल बनाई तथा इस बार और बड़ा घाटा हो गया।

और कल सुबह मेरे एक मित्र ने मार्केट को मेरी तरह ही फ्लैट होता देखकर 10.15 बजे 17,450 की कॉल एवं 17,450 की पुट बेचकर स्ट्रेडल बनाई। वे तो 15 हजार से भी ज्यादा के घाटे में आ गए हैं। स्ट्रेडल पर मेरी पिछले दो माह की मेहनत, घंटों स्क्रीन के सामने बैठना। कल सुबह 4.30 बजे से मैं पढ़ रहा था कि आज कैसे ट्रेड लेना है।

ऐसे न जाने कितने घंटे मैंने रात-दिन मेहनत की है, पर सब बेकार गया। आम आदमी ट्रेडिंग से नियमित आय नहीं कमा सकता है, यह अब मुझे लगने लगा है। शुरुआत में वह थोड़ा-बहुत कमा लेता है; लेकिन एक दिन ऐसा झटका लगता है कि वह बड़े घाटे में चला जाता है। मेरे साथ स्ट्रेडल में यही हुआ। इधर 15-20 दिन लगातार 500 से 2,000 निकला, कभी-कभी 3 या 4 बार 1,000 से 2,000 गया, पर फिर भी प्रॉफिट में था; लेकिन फिर 2 या 3 दिन लगातार बड़ा नुकसान हुआ। सारा फायदा बड़े नुकसान में बदल गया।

माफ करें, श्रीमानजी, परंतु आज मैं कहने से नहीं रुकूँगा।

ट्रेडिंग में आम आदमी लुटता-पिटता और बरबाद होता है। कल सुबह बड़े-बड़े फंड हाउस, जो ऑपरेटर होंगे, वे एक घंटा मार्केट को

ऊपर ले गए (जबकि ग्लोबल मार्केट कमजोर था, मैं सुबह 4.30 बजे से स्टडी कर रहा था, सब तरफ से स्टडी की मैंने)। फिर उन बदमाश ऑपरेटर्स ने अपने प्रॉफिट बुक किए, फिर आधा घंटा मार्केट को फ्लैट रखा, फिर एकतरफा पटक दिया।

शुरुआत में जिन्होंने कॉल खरीद लिया, वे मारे गए और फिर मार्केट को फ्लैट रखकर उन्होंने हम लोगों को स्ट्रेंगल बनाने दिया, फिर मार्केट को पटककर हम लोगों को भी बरबाद कर दिया।

जिन्होंने पुट खरीदी, वे थोड़ा-बहुत कमा पाए, क्योंकि कल थीटा डीके भी बहुत हो रहा था।

श्रीमानजी, 1.5 ईयर्स की मेहनत के बाद ट्रेडिंग में 1.15 लाख के घाटे में हूँ। घंटों पढ़ाई की, वीडियो देखे, वेबिनार जॉइन किया; परंतु सब बेकार गया, कुछ काम नहीं आया।

आम आदमी केवल ब्लू चिप शेयरों में 5 से 10 वर्ष के लिए इन्वेस्टमेंट करके ही कमा सकता है। बाकी सब बेकार हैं।

मैं बहुत निराश हूँ।

धन्यवाद श्रीमानजी,

बहुत-बहुत धन्यवाद।

आपका अनुज

(नाम उनकी निजता बनाए रखने के लिए नहीं दे रहा हूँ।)

उनका यह इ-मेल पढ़कर मेरा भी सिर चकरा गया, क्योंकि उन्होंने जिस स्ट्राइक प्राइस का चयन किया या जिस प्रकार से ट्रेड किए, ऐसा तो मैंने कभी किसी वीडियो में बताया ही नहीं। मैंने इस प्रकार से मार्केट के फ्लैट हो जाने पर ट्रेड लेना आदि कुछ बताया, न ही ऐसा बताया कि थीटा डीके आदि की स्टडी करना। इसलिए मैंने उनके प्रत्युत्तर में जो लिखा, अब आप उसको पढ़िए।

मैंने उनको प्रत्युत्तर दिया कि—

आदरणीय श्रीमानजी,

नमस्कार!

1. 17,600 एवं 17,350 की स्ट्राइक प्राइस का आपने किस नियम से चयन किया? ऐसा कोई नियम मैंने अपने किसी वीडियो में नहीं बताया था। जैसे भौतिक विज्ञान नियमों पर आधारित होता है, वैसे ही आप यदि बगैर नियम के ट्रेड लेंगे तो उसमें नुकसान ही होगा। (मेरे यह फॉलोवर विज्ञान का कोचिंग सेंटर चलाते हैं, इसलिए मैंने उनको भौतिक विज्ञान का उदाहरण दिया।)

2. दूसरा नियम—एक दिन में एक से ज्यादा ट्रेड लेकर एवरेज करने का भी मैंने नहीं बताया था।

3. तीसरा, आपने कुल मिलाकर 2,000 स्टॉप लॉस रखने के नियम का पालन क्यों नहीं किया?

श्रीमान, मुझे लगता है, आप अपनी भावनाओं पर नियंत्रण नहीं रख पाते हैं और स्टॉप लॉस भी नहीं लगा पाते हैं तथा ट्रेडिंग को नियमों में सीखने से ज्यादा स्व-विवेक से करते हैं। इसलिए, यदि ऑप्शन ट्रेडिंग आपके अनुकूल नहीं हो रही है, तो आप कृपया इसमें हाथ न ही आजमाएँ। आप अपने ब्लू चिप वाले मैथड को ही सही मानकर उन्हीं में कार्य करें।

सादर आपका

महेश चंद्र कौशिक

जिसका प्रत्युत्तर मेरे इन फॉलोवर ने निम्न प्रकार से दिया—

आदरणीय श्री महेश सर,

सादर प्रणाम!

आपकी सभी बातों से मैं सहमत हूँ। इसमें आपका कोई दोष नहीं

है। इस नुकसान के लिए सिर्फ और सिर्फ मैं जिम्मेदार हूँ। हर जगह मैं अपना दिमाग लगाने की कोशिश करता हूँ। शॉर्ट स्ट्रेंगल सिर्फ साइडवेज यानी फ्लैट मार्केट में काम करता है और उस दिन (13 मार्च, 2023 के दिन) मार्केट बहुत तेजी से गिरा।

उस दिन 13 मार्च, 2023 को मार्केट 17,164 पर खुला, फिर उसने 17,529 का हाई बनाया। उसके बाद गिरकर 17,113 का निम्नतम स्तर बनाया।

परंतु सुबह एक घंटा 10 से 11 बजे के बीच में मार्केट फ्लैट हो गया था, अत: 17,600 की कॉल एवं 17,350 की पुट बेचकर शॉर्ट स्ट्रेंगल बनाई, पर 11.30 बजे के बाद से मार्केट गिरने लगा। इससे 17,600 की जो कॉल बेची थी, उसमें फायदा हुआ; पर 17,350 की जो पुट बेची, उसमें भारी घाटा हुआ, अत: एडजस्टमेंट किया।

स्ट्रेडल और स्ट्रेंगल में एडजस्टमेंट करना आपने नहीं सिखाया; परंतु एक और मार्केट गुरु हैं, जो ऐसा एडजस्टमेंट करना सिखाते हैं। मैंने उनके बताए अनुसार एडजस्टमेंट किया, जिसमें 17,600 की कॉल स्क्वायर ऑफ करके 17,500 की कॉल बेच दी। पर फिर 1 घंटे बाद 17,500 की कॉल को भी स्क्वायर ऑफ करके कुछ कमाया और फिर 17,350 की कॉल बेच दी और एडजस्टमेंट करते-करते उस दिन मेरा जो शॉर्ट स्ट्रेंगल था, वह एक शॉर्ट स्ट्रेडल बन गया; क्योंकि आखिर में उसमें 17,350 की कॉल एवं 17,350 की पुट—दोनों शॉर्ट हो गई थीं।

पर उस दिन मार्केट एक दिन में 300 पॉइंट्स गिरा, जिसके कारण 17,350 पुट बेची थी। उसमें बहुत बड़ा घाटा हुआ, अत: तीन एडजस्टमेंट के बाद भी बहुत बड़ा नुकसान हो गया। वह मार्केट गुरु, जिन्होंने मुझे एडजस्टमेंट सिखाई थी, वे खुद 2 करोड़ के कैपिटल पर 3 लाख, 75 हजार रुपए का नुकसान कर बैठे।

श्रीमान, 22 मार्च से अपनी कोचिंग में नया बैच शुरू कर रहा हूँ।

आपका आशीर्वाद चाहिए। अब से लेकर मई माह तक सिर्फ कोचिंग पर ध्यान दूँगा। उसके बाद इसे फिर से सीखने की कोशिश करूँगा; क्योंकि मई तक कोचिंग में नए एडमिशन होते हैं और बीच में एडमिशन लेने वाले बच्चों को एक्स्ट्रा क्लासेज भी देनी होती हैं।

इसको सीखना है, चाहे कितना ही नुकसान क्यों न हो जाए; क्योंकि मुझे पढ़ना और कुछ-न-कुछ सीखना अच्छा लगता है।

यह रोमांचकारी है। जैसे एडवेंचर स्पोर्ट्स में लोग अपनी जान जोखिम में डालकर जीवन को एंजॉय करते हैं, वैसे ही अब मेरे लिए ऑप्शन ट्रेडिंग हो गई है। यह बहुत ज्यादा मैनिपुलेटेड हो चुकी है; लेकिन रिस्क मैनेजमेंट से आदमी इसमें कुछ-न-कुछ कर सकता है। मुझे इसमें कमाना सीखना है।

पर अभी नहीं। अब मई के बाद ही इसमें कुछ करूँगा।

आपके नए वीडियो का इंतजार रहेगा।

शुभकामनाओं के साथ,

आपका अनुज

अत:, कुल मिलाकर प्रूफ हुआ कि ज्यादा दिमाग लगाने की कोशिश करने से ही ऑप्शन ट्रेडिंग में ज्यादा नुकसान होता है। ऊपर जो एडजस्टमेंट उन्होंने किए, उनकी जगह यदि सिर्फ 17,350 की पुट में स्टॉप लॉस रखकर 2,000 से ऊपर का लॉस जाने पर लॉस बुक कर लिया होता तो उनकी यह ट्रेड भारी मुनाफे में रहती। उनके जिन मार्केट गुरु ने उनको एडजस्टमेंट सिखाया था, वह भी मेरी सलाह मानकर एक विधि में एक से ज्यादा लॉट में पोजीशन नहीं लेते, अत: उनको भी 2 करोड़ रुपए की कैपिटल पर एक साथ 3,75,000 का नुकसान नहीं झेलना पड़ता।

सारांश यह है कि ऑप्शन ट्रेडर को उल्लू जैसा होना चाहिए, जो कि प्रॉफिट एवं स्टॉप लॉस पर पैनी निगाह रखे और ज्यादा दिमाग न लगाकर स्ट्रेटेजी में बताए मैथड्स के अनुसार ही कार्य करे।

जैसा कि मैं पहले भी कई बार बता चुका हूँ कि ट्रेडिंग एक कला है, जो पुस्तकें पढ़ने और वीडियो देखने से नहीं आएगी। इसमें आपको लगातार सीखना एवं सुधार करना पड़ेगा, तब आप एक दिन सफल ऑप्शन ट्रेडर बन जाएँगे।

❑

8
उल्लू शॉर्ट स्ट्रेंगल विधि

क्या आपने इस पुस्तक का अध्याय 4 बिना जल्दी-जल्दी पेज पलटे पूरा पढ़ा है ?

मैं आशा करता हूँ कि आपने इस पुस्तक का अध्याय 4 पूरा पढ़ा होगा। यदि आपने उक्त अध्याय ध्यान से नहीं पढ़ा है तो मैं पहले उक्त अध्याय 4 में से कुछ पंक्तियों को वापस दोहराता हूँ, क्योंकि अभी मैं जो उल्लू शॉर्ट स्ट्रेंगल विधि आपको बताने वाला हूँ, उसमें इन पंक्तियों से ही आपको इस उल्लू शॉर्ट स्ट्रेंगल विधि का आइडिया मिलेगा।

लॉन्ग स्ट्रेडल में एक ही स्ट्राइक प्राइस की कॉल व पुट एक साथ खरीदी जाती है। लॉन्ग स्ट्रेडल में तभी फायदा होता है, जब मार्केट में किसी एक दिशा में बहुत बड़ा मूवमेंट आ जाए। इस प्रकार के स्ट्रेडल से किसी बड़े इवेंट वाले दिन ही ज्यादा फायदा होता है; जैसे—बजट घोषणा के दिन, चुनाव परिणाम के दिन आदि।

आमतौर पर, मार्केट में रोज बहुत बड़ा मूव आने की संभावना नहीं होती। इसलिए आप लॉन्ग स्ट्रेडल का प्रयोग यदि लंबे समय तक लगातार करते हैं तो इसमें आमतौर पर फायदा होने के आसार कम रहते हैं।

जैसे 3 मार्च, 2023 को निफ्टी की ओपनिंग 17,451.25 पर हुई। इस हिसाब से सबसे नजदीक स्ट्राइक प्राइस 17,450 की कॉल-पुट एक साथ खरीदते तो यह एक लॉन्ग स्ट्रेडल हुआ। आइए, देखते हैं कि

3 मार्च, 2023 को यदि आपने इंट्राडे में इस प्रकार का लॉन्ग स्ट्रेडल बनाया होता तो आपको क्या परिणाम मिलते! हम इसमें बैकटेस्ट के लिए ओपन व क्लोज प्राइस का डाटा प्रयोग करेंगे। 3 मार्च, 2023 को 17,450 की कॉल 218.95 पर ओपन हुई, अर्थात् आपने इसे मार्केट खुलते ही खरीदा होता तो 218.95 रुपए के आसपास खरीदते। इस दिन मार्केट में बहुत बड़ा मूव आया और निफ्टी 17,594.35 पर बंद हुआ। इसलिए मार्केट बंद होते-होते 17,450 की कॉल 330.45 पर बंद हुई।

अत: सैद्धांतिक रूप से इस ओपन प्राइस पर ली गई 17,450 की कॉल पर आपको प्रति शेयर 330.45–218.95=111.50 के लगभग फायदा होता और निफ्टी के 50 के लॉट पर फायदा 5,575 रुपए होता। अब इसके विपरीत ट्रेड का परिणाम देख लेते हैं, जिसमें आप लॉन्ग स्ट्रेडल बनाने के लिए 17,450 की एक पुट खरीदते। इसका 3 मार्च, 2023 का ओपन प्राइस 193.35 एवं क्लोज प्राइस 115.90 था, अर्थात् आपको प्रति शेयर 77.45 रुपए का नुकसान होता। निफ्टी का 50 का लॉट होने से इस ट्रेड में आपको 3,872.50 का नुकसान होता। ओवर ऑल आपको इस लॉन्ग स्ट्रेडल में 5,575 का फायदा और 3,872.50 का नुकसान होता तथा मार्केट बंद होते समय आप इंट्राडे से 1,702.50 का प्रॉफिट बनाते।

परंतु, इस दिन मार्केट अपने पिछले क्लोज से 272.45 अंक (1.57 प्रतिशत) बढ़कर बंद हुआ था, इसलिए लॉन्ग स्ट्रेडल से आपको फायदा हुआ। इंट्राडे में लॉन्ग स्ट्रेडल से तभी फायदा होता है, जब मार्केट में कम-से-कम 1 से 1.50 प्रतिशत का मूवमेंट एक साथ आए।

चूँकि पूरे महीने तो रोज मार्केट 1 से 1.50 प्रतिशत बढ़ता नहीं है, इसलिए यदि आप लॉन्ग स्ट्रेडल का प्रयोग पूरे महीने प्रतिदिन इंट्राडे में करते हैं तो महीने के 4-5 दिन जब बड़ा मूव आएगा, तब तो आपको फायदा होगा और मार्केट में मूवमेंट कम रहा तो इस दिन आपको

नुकसान होगा। इससे कुल मिलाकर, पूरे महीने में आपको नुकसान ही होगा।

अब उक्त पंक्तियों को पढ़ने के बाद पिछले अध्याय (अध्याय 7) पर गौर फरमाएँ, जिसमें कहा गया था कि सफल ऑप्शन ट्रेडर उल्लू जैसा होता है, जो ज्यादा स्मार्टनेस नहीं दिखाकर आसानी से कमा लेता है।

तो इस विधि का नाम 'उल्लू शॉर्ट स्ट्रेंगल' इसीलिए रखा है, क्योंकि इसमें आपको ज्यादा दिमाग नहीं लगाना। इसमें सीधा सा, सरल सा गणित है। वह गणित यह है कि "लॉन्ग स्ट्रेडल से फायदा तभी होता है, जब मार्केट में 1 से 1.50 प्रतिशत का मूव आए। तो यदि इसका उलटा करें कि मार्केट में 1 से 1.50 प्रतिशत का मूव नहीं आता है तो कॉल-पुट बेचने वालों को, अर्थात् शॉर्ट करने वालों को फायदा होता है।

बस, यहीं आपको इस विधि का मंत्र मिल गया कि आमतौर पर मार्केट में 1 से 1.50 प्रतिशत का मूव बहुत बड़ा मूव होता है, जो रोज-रोज नहीं आता। यह पूरे महीने में ज्यादा-से-ज्यादा 4–5 बार आता है।

इस तथ्य को और भी स्पष्टता से समझने के लिए निफ्टी की मार्च 2023 की एक्सपायरी वाली सीरीज के डाटा पर निगाह डालिए। यह सीरीज 24 फरवरी, 2023 से प्रारंभ होकर 29 मार्च, 2023 को एक्सपायर हुई। इस सीरीज के निफ्टी 50 के डाटा आप निम्न टेबल में देख सकते हैं—

टेबल–7

दिनांक	खुला	उच्चतम	न्यूनतम	बंद	बंद-खुला	प्रतिशत में मूवमेंट
24-Feb-23	17,591.35	17,599.75	17,421.8	17,465.8	-125.5	-0.71
27-Feb-23	17,428.6	17,451.6	17,299	17,392.7	-35.9	-0.21
28-Feb-23	17,383.25	17,440.45	17,255.2	17,303.95	-79.3	-0.46
01-Mar-23	17,360.1	17,467.75	17,345.25	17,450.9	90.8	0.52
02-Mar-23	17,421.5	17,445.8	17,306	17,321.9	-99.6	-0.57
03-Mar-23	17,451.25	17,644.75	17,427.7	17,594.35	143.1	0.82
06-Mar-23	17,680.35	17,799.95	17,671.95	17,711.45	31.1	0.18
08-Mar-23	17,665.75	17,766.5	17,602.25	17,754.4	88.65	0.50
09-Mar-23	17,772.05	17,772.35	17,573.6	17,589.6	-182.5	-1.03
10-Mar-23	17,443.8	17,451.5	17,324.35	17,412.9	-30.9	-0.18
13-Mar-23	17,421.9	17,529.9	17,113.45	17,154.3	-267.6	-1.54
14-Mar-23	17,160.55	17,224.65	16,987.1	17,043.3	-117.3	-0.68
15-Mar-23	17,166.45	17,211.35	16,938.9	16,972.15	-194.3	-1.13
16-Mar-23	16,994.65	17,062.45	16,850.15	16,985.6	-9.05	-0.05
17-Mar-23	17,111.8	17,145.8	16,958.15	17,100.05	-11.75	-0.07
20-Mar-23	17,066.6	17,066.6	16,828.35	16,988.4	-78.2	-0.46
21-Mar-23	17,060.4	17,127.7	17,016	17,107.5	47.1	0.28
22-Mar-23	17,177.45	17,207.25	17,107.85	17,151.9	-25.55	-0.15
23-Mar-23	17,097.4	17,205.4	17,045.3	17,076.9	-20.5	-0.12
24-Mar-23	17,076.2	17,109.45	16,917.35	16,945.05	-131.2	-0.77
27-Mar-23	16,984.3	17,091	16,918.55	16,985.7	1.4	0.01
28-Mar-23	17,031.75	17,061.75	16,913.75	16,951.7	-80.05	-0.47
29-Mar-23	16,977.3	17,126.15	16,940.6	17,080.7	103.4	0.61

आपने उक्त टेबल में देखा होगा कि पूरी सीरीज में निफ्टी 50 में सिर्फ 3 दिन 1 प्रतिशत से बड़ा मूव आया, जो इस प्रकार है—

दिनांक	निफ्टी में ओपन से मूव	प्रतिशत में मूवमेंट
9 मार्च, 2023	−182.45	−1.03
13 मार्च, 2023	−267.60	−1.54
15 मार्च, 2023	−194.30	−1.13

यहाँ यह बात ध्यान देने वाली है कि यह जो मूव है, वह निफ्टी के ओपन प्राइस से है। यह मूव पिछले दिन के क्लोज प्राइस से नहीं है। यदि आप ओपन प्राइस के आधार पर ऑप्शन सेलिंग करते हैं तो उस दिन जो मार्केट में सेंटीमेंट के आधार पर तेजी या गिरावट आने की संभावना होती है, उसका ज्यादातर भाग गेप-अप या गेप-डाउन मार्केट खुलने के कारण पहले से ही डिस्काउंट हो चुका होता है। मार्च 2023 की सीरीज में निफ्टी पूरे महीने में कितना गेप-अप या गेप-डाउन खुला, वह आप इस टेबल में देख सकते हैं—

टेबल–8

दिनांक	खुला	उच्चतम	न्यूनतम	बंद	बंद-खुला	प्रतिशत में मूवमेंट	गेप-अप या गेप-डाउन
24-Feb-23	17,591.35	17,599.75	17,421.8	17,465.8	-125.55	-0.71	
27-Feb-23	17,428.6	17,451.6	17,299	17,392.7	-35.9	-0.21	-37.2
28-Feb-23	17,383.25	17,440.45	17,255.2	17,303.95	-79.3	-0.46	-9.45
01-Mar-23	17,360.1	17,467.75	17,345.25	17,450.9	90.8	0.52	56.15
02-Mar-23	17,421.5	17,445.8	17,306	17,321.9	-99.6	-0.57	-29.4
03-Mar-23	17,451.25	17,644.75	17,427.7	17,594.35	143.1	0.82	129.35
06-Mar-23	17,680.35	17,799.95	17,671.95	17,711.45	31.1	0.18	86
08-Mar-23	17,665.75	17,766.5	17,602.25	17,754.4	88.65	0.50	-45.7
09-Mar-23	17,772.05	17,772.35	17,573.6	17,589.6	-182.45	-1.03	17.65
10-Mar-23	17,443.8	17,451.5	17,324.35	17,412.9	-30.9	-0.18	-145.8
13-Mar-23	17,421.9	17,529.9	17,113.45	17,154.3	-267.6	-1.54	9
14-Mar-23	17,160.55	17,224.65	16,987.1	17,043.3	-117.25	-0.68	6.25
15-Mar-23	17,166.45	17,211.35	16,938.9	16,972.15	-194.3	-1.13	123.15
16-Mar-23	16,994.65	17,062.45	16,850.15	16,985.6	-9.05	-0.05	22.5
17-Mar-23	17,111.8	17,145.8	16,958.15	17,100.05	-11.75	-0.07	126.2
20-Mar-23	17,066.6	17,066.6	16,828.35	16,988.4	-78.2	-0.46	-33.45
21-Mar-23	17,060.4	17,127.7	17,016	17,107.5	47.1	0.28	72
22-Mar-23	17,177.45	17,207.25	17,107.85	17,151.9	-25.55	-0.15	69.95
23-Mar-23	17,097.4	17,205.4	17,045.3	17,076.9	-20.5	-0.12	-54.5
24-Mar-23	17,076.2	17,109.45	16,917.35	16,945.05	-131.15	-0.77	-0.7
27-Mar-23	16,984.3	17,091	16,918.55	16,985.7	1.4	0.01	39.25
28-Mar-23	17,031.75	17,061.75	16,913.75	16,951.7	-80.05	-0.47	46.05
29-Mar-23	16,977.3	17,126.15	16,940.6	17,080.7	103.4	0.61	25.6

इसलिए इस उल्लू शॉर्ट स्ट्रेंगल में सीधा सा गणित यह है कि मार्केट खुलने के बाद मार्केट के ओपन प्राइस को देखिए।

या जिस समय आप उल्लू शॉर्ट स्ट्रेंगल बनाना चाहते हैं, उस समय विशेष के निफ्टी 50 के करंट मार्केट प्राइस को देखिए।

इस करंट मार्केट प्राइस में ज्यादातर तेजी या मंदी पहले से ही गेप-अप या गेप-डाउन ओपनिंग के कारण डिस्काउंट हो चुकी होगी।

अब इसमें ज्यादा-से-ज्यादा 1.50 प्रतिशत की तेजी या मंदी को संभावित मानते हुए करंट मार्केट प्राइस से 1.50 प्रतिशत ऊपर का और 1.50 प्रतिशत नीचे का स्तर निकाल लीजिए।

जैसे 24 फरवरी, 2023 को निफ्टी का ओपन प्राइस 17,591.35 था। इसके 1.50 प्रतिशत ऊपर का स्तर हुआ 17,855.22, इसके सबसे निकटतम कॉल का स्ट्राइक प्राइस देखिए। स्वाभाविक है कि 17,850 व 17,900 में से 17,855.22 की निकटतम कॉल 17,850 स्ट्राइक प्राइस की है, अतः उल्लू स्ट्रेंगल विधि में 17,850 की कॉल बेचनी है।

इसी प्रकार, 17,591.35 का 1.50 प्रतिशत कम करने पर 17,327.48 आया। इसकी सबसे नजदीकी स्ट्राइक प्राइस 17,350 हुई। हमें सबसे नजदीकी स्ट्राइक लेनी है, वह चाहे 17,327.48 से नीचे की हो या ऊपर की।

यहाँ 17,300 एवं 17,350 में से 17,350 की स्ट्राइक 17,327.48 के ज्यादा नजदीक है, इसलिए उसका चयन किया है। यही यदि 17,323 होता तो 17,300 का चयन करते तो अब हम 17,350 की पुट भी बेच देंगे।

अर्थात् उल्लू स्ट्रेंगल विधि में मार्केट के ओपन होने के बाद और गेप-अप या गेप-डाउन ओपनिंग अच्छी तरह एडजस्ट हो जाने के बाद जब भी आप ट्रेड लें, उस समय की लगभग 1.50 प्रतिशत ऊपर की कॉल बेचनी है तथा लगभग 1.50 प्रतिशत नीचे की पुट बेचनी है।

यहाँ यह बात अच्छी तरह याद रखिए कि पुस्तक में आपको समझाने के लिए ओपन प्राइस से लगभग 1.50 प्रतिशत ऊपर की कॉल और लगभग 1.50 प्रतिशत नीचे की पुट बेची है।

परंतु, व्यवहार में करते समय आप मार्केट ओपन होने के बाद आराम से पहले 30 मिनट की ट्रेड में जब भी उल्लू शॉर्ट स्ट्रेंगल बनाएँ, उस समय का प्राइस (जो प्राय: ओपन प्राइस के आसपास ही होता है) लेकर उसके लगभग 1.50 प्रतिशत ऊपर की कॉल और लगभग 1.50 प्रतिशत नीचे की पुट बेचिए।

अब 24 फरवरी, 2023 को इस उल्लू स्ट्रेंगल विधि का परिणाम निम्न प्रकार रहा—

कॉल/पुट	ओपन प्राइस प्रीमियम	क्लोज प्राइस प्रीमियम	शॉर्ट पर इंट्राडे में लाभ/हानि
17,800 कॉल	198.00	134.30	3,185.00
17,350 पुट	148.20	167.20	−950.00
ओवर ऑल प्रॉफिट=2235			

अब, यदि आपने 29 मार्च, 2023 की एक्सपायरी के लिए उल्लू स्ट्रेंगल विधि से पूरे महीने सिर्फ कॉल बेची होती (इंट्राडे में ओपन प्राइस के आसपास) और इंट्राडे में आखिरी 30 मिनट में कवर की होती तो निम्न सारणी के अनुसार पूरे महीने में आपको लगभग 16,927.50 का फायदा होता—

टेबल–9

दिनांक	खुला	बंद	खुलने से 1.5 प्रतिशत ज्यादा	कॉल बेचना	प्राप्त प्रीमियन	प्रीमियन पर बंद	एक लॉट में लाभ-हानि
24-Feb-23	17,591.35	17,465.8	17,855.22	17,850	170	115.45	2,727.50
27-Feb-23	17,428.6	17,392.7	17,690.03	17,700	160.05	139.3	1,037.50
28-Feb-23	17,383.25	17,303.95	17,644.00	17,650	160	119.95	2,002.50
01-Mar-23	17,360.1	17,450.9	17,620.50	17,600	150	178.35	-1,417.50
02-Mar-23	17,421.5	17,321.9	17,682.82	17,700	134.75	84.75	2,500.00
03-Mar-23	17,451.25	17,594.35	17,713.02	17,700	95.4	176.45	-4,052.50
06-Mar-23	17,680.35	17,711.45	17,945.56	17,950	89.95	104.65	-735.00
08-Mar-23	17,665.75	17,754.4	17,930.74	17,950	78.5	110.15	-1,582.50
09-Mar-23	17,772.05	17,589.6	18,038.63	18,050	163.9	97.9	3,300.00
10-Mar-23	17,443.8	17,412.9	17,705.46	17,700	107.5	80.15	1,367.50
13-Mar-23	17,421.9	17,154.3	17,683.23	17,700	86.55	48.95	1,880.00
14-Mar-23	17,160.55	17,043.3	17,417.96	17,400	130.25	96.05	1,710.00
15-Mar-23	17,166.45	16,972.15	17,423.95	17,400	120	64.9	2,755.00
16-Mar-23	16994.65	16,985.6	17,249.57	17,250	106.7	108.45	-87.50
17-Mar-23	17,111.8	17,100.05	17,368.48	17,350	100	89.45	527.50
20-Mar-23	17,066.6	16,988.4	17,322.60	17,300	99	61.5	1,875.00
21-Mar-23	17,060.4	17,107.5	17,316.31	17,300	69.15	82.8	-682.50
22-Mar-23	17,177.45	17,151.9	17,435.11	17,450	45	37.45	377.50
23-Mar-23	17,097.4	17,076.9	17,353.86	17,350	70	26.65	2,167.50
24-Mar-23	17,076.2	16,945.05	17,332.34	17,350	23.2	8.8	720.00
27-Mar-23	16,984.3	16,985.7	17,239.06	17,250	18.75	11.4	367.50
28-Mar-23	17,031.75	16,951.7	17,287.23	17,300	5	1.6	170.00
29-Mar-23	16,977.3	17,080.7	17,231.96	17,250	एक्सपायरी के दिन कोई ट्रेड नहीं		0.00
						कुल	**16,927.50**

अब, इसके विपरीत आप पुट भी बेचते तो निम्न सारणी के अनुसार आपको 6,130 का नुकसान पूरे महीने में होता—

टेबल–10

दिनांक	खुला	बंद	खुलने से 1.5 प्रतिशत ज्यादा	पुट बेचना	प्राप्त प्रीमियन	प्रीमियन पर बंद	एक लॉट में लाभ-हानि
24-Feb-23	17,591.35	17,465.8	17,327.48	17,350	148.2	167.2	-950
27-Feb-23	17,428.6	17,392.7	17,167.17	17,150	149.7	119.9	1,490
28-Feb-23	17,383.25	17,303.95	17,122.50	17,150	119.95	143.25	-1,165
01-Mar-23	17,360.1	17,450.9	17,099.70	17,100	118	82.4	1,780
02-Mar-23	17,421.5	17,321.9	17,160.18	17,150	95.55	126.8	-1,562.5
03-Mar-23	17,451.25	17,594.35	17,189.48	17,200	115	62.95	2,602.5
06-Mar-23	17,680.35	17,711.45	17,415.14	17,400	85.05	71.85	660
08-Mar-23	17,665.75	17,754.4	17,400.76	17,400	75.2	70.45	237.5
09-Mar-23	17,772.05	17,589.6	17,505.47	17,500	85.5	132.55	-2352.5
10-Mar-23	17,443.8	17,412.9	17,182.14	17,200	93	103.85	-542.5
13-Mar-23	17,421.9	17,154.3	17,160.57	17,150	94.95	204.95	-5500
14-Mar-23	17,160.55	17,043.3	16,903.14	16,900	125	136.05	-552.5
15-Mar-23	17,166.45	16,972.15	16,908.95	16,900	91	159.85	-3,442.5
16-Mar-23	16,994.65	16,985.6	16,739.73	16,750	124.15	107.45	835
17-Mar-23	17,111.8	17,100.05	16,855.12	16,850	95	69.5	1,275
20-Mar-23	17,066.6	16,988.4	16,810.60	16,800	79.6	95.2	-780
21-Mar-23	17,060.4	17,107.5	16,804.49	16,800	79.8	47.4	1,620
22-Mar-23	17,177.45	17,151.9	16,919.79	16,900	52.1	50.85	62.5
23-Mar-23	17,097.4	17,076.9	16,840.94	16,850	47.95	42.3	282.5
24-Mar-23	17,076.2	16,945.05	16,820.06	16,800	30	55.6	-1,280
27-Mar-23	16,984.3	16,985.7	16,729.54	16,750	35	15.1	995
28-Mar-23	17,031.75	16,951.7	16,776.27	16,800	13.8	10.65	157.5
29-Mar-23	16,977.3	17,080.7	16,722.64	16,700			0
						कुल	**-6,130**

तो कुल मिलाकर, आपको पूरे महीने में 10,797 रुपए 50 पैसे का ओवर ऑल प्रॉफिट होता (अर्थात् 16,927.50 के फायदे में से 6,130 रुपए का नुकसान कम करने पर 10,797.50 रुपए शेष बचे)

अब यहाँ यह तथ्य भी ध्यान रखने योग्य है कि उपर्युक्त उदाहरण में मैंने 2,000 के स्टॉप लॉस का ध्यान नहीं रखा है। जबकि यह भी नियम है कि कॉल या पुट, जिसमें भी 2,000 से ऊपर का नुकसान हो जाए, उसे कवर कर लीजिए तथा लाभ वाली पोजीशन को मार्केट क्लोज होने के आसपास कवर कीजिए।

यदि ऐसा ऊपर बताई गई सारणी में 3 मार्च, 2023 के ट्रेड में किया होता तो उस दिन कॉल में हुआ नुकसान –4,052.50 की जगह 2,000 पर ही सीमित हो जाता तथा आपको उस दिन 2,602.50 पुट में फायदा मिलने से आपको ओवर ऑल 2,602.50–2,000=602.50 का फायदा हुआ होता; जबकि ऊपर के उदाहरण में हमने उस दिन पूरा नुकसान –4,052.50 मानकर ओवर ऑल –1,450 का नुकसान ही माना है।

इसी प्रकार, 13 मार्च, 2023 की ट्रेड में पुट बेचने की लेग में जो –5,500 का नुकसान हुआ है, उसको भी स्टॉप लॉस से 2,000 तक सीमित किया जा सकता था। अतः आपको यहाँ भी पुस्तक में बताए गए दोनों नियम फॉलो करने हैं—

1. पोजीशन को निफ्टी, बैंक निफ्टी की 1–1 कॉल-पुट बेचने तक ही सीमित रखना है। यदि आपके पास ज्यादा मार्जिन मनी है तो पुस्तक में बताई गई अन्य विधियों का भी साथ में प्रयोग करना है।

2. किसी भी लेग में 2,000 से ऊपर का नुकसान (1–1 लॉट के लिए) दिखाई देने लगे तो उसमें लॉस बुक करके प्रॉफिट वाली लेग को मार्केट क्लॉज होने तक चलने देना है।

अब, कुछ पाठक यह प्रश्न कर सकते हैं कि बाद में मार्केट में

उतार-चढ़ाव होने से प्रॉफिट वाली लेग भी नुकसान में आ गई तो हमें तो दोनों में नुकसान हो जाएगा। परंतु 90 प्रतिशत दिनों में ऐसा नहीं होता है, क्योंकि 1 लेग का 2,000 से ऊपर नुकसान में होना यह दिखाता है कि मार्केट एकतरफा डायरेक्शन ले चुका है, जो बहुत ही ज्यादा वोलेटाइल मार्केट वाले 10 प्रतिशत दिनों में ही रिवर्स होता है, नहीं तो नहीं होता।

◻

9

ऑप्शन ट्रेडिंग में बार-बार विधियाँ न बदलें

जैसा कि मैंने पूर्व के अध्यायों में बताया है कि ऑप्शन ट्रेडिंग में धन कमाने के लिए ज्यादा होशियार या स्मार्ट बनने से फायदे की जगह नुकसान होने की संभावना अधिक रहती है।

यदि आप पुस्तक में दिए गए पूर्व के अध्यायों को ध्यानपूर्वक पढ़ते हुए यहाँ तक आए हैं, तो आप समझ गए होंगे कि ऑप्शन ट्रेडिंग में कोई भी विधि 100 प्रतिशत कारगर नहीं होती। आपने पूर्व में मेरी जो भी स्ट्रेडल या स्ट्रेंगल की विधियाँ पढ़ी हैं, उन सब में आपने देखा होगा कि ये विधियाँ ट्रेडिंग माह के ज्यादातर दिनों में ओवर ऑल प्रॉफिट देती हैं; परंतु कतिपय 3 से 5 दिनों में इन विधियों में नुकसान भी होता है।

अब, कभी-कभी 3 दिन लगातार नुकसान होने पर स्वाभाविक है कि किसी का भी मन इन विधियों से ऊब जाएगा। वह सोचेगा कि या तो यह विधि ही गलत है या इसमें और सुधार करने की आवश्यकता है।

इससे वह व्यक्ति उस विधि को अपने दिमाग में एडजस्ट कर लेता है, जिससे अगले ट्रेडिंग दिन में जब मूल विधि का प्रयोग करने पर फायदा मिलता, उस दिन उस व्यक्ति को विधि में किए गए एडजस्टमेंट की वजह से नुकसान ही होता है।

इसलिए, आप किसी भी एक विधि का प्रयोग कर लेते हैं; तो उस

विधि में आपको महीने में 3 से 4 ट्रेडिंग सेशन में हो रहे नुकसान को समायोजित करने के पश्चात् यदि ओवर ऑल फायदा मिल रहा है तो बार-बार विधियों को बदलने या उसके अनावश्यक एडजस्टमेंट करने से बचिए।

इस बाबत एक कचौरी विक्रेता की कहानी बहुत रोमांचक व प्रेरणास्पद है। मैं आपको उस कचौरीवाले की कहानी सुनाता हूँ।

गोविंद भाई नाम का एक कचौरीवाला बहुत प्रसिद्ध था। वह स्पेशल कचौरी बनाता था। उसकी कचौरी का आकार सामान्य कचौरी से दो गुना बड़ा था और कचौरी में हींग, दाल, मटर, मूँगफली, काजू, किशमिश, पनीर, मेथी, प्याज, आलू आदि अनेक हाजिम-पाचक वस्तुओं के प्रयोग से बना बहुत ही स्वादिष्ट मसाला भरा जाता था।

उसकी कचौरी 15 रुपए की एक मिलती थी; परंतु इतनी स्वादिष्ट, पौष्टिक व हाजिम-पाचक होती थी कि जब भी वह लॉरी लेकर मार्केट में आता तो 2 घंटे में उसकी सब कचौरियाँ बिक जाती थीं।

कुछ पाठकों के मुँह में तो कचौरी की विशेषताएँ पढ़कर ही पानी आ गया होगा। उसे कचौरी बेचते हुए 12 साल हो गए। उसकी बिक्री बहुत अच्छी चल रही थी और वह अपने व्यवसाय एवं मुनाफे से संतुष्ट था।

धीरे-धीरे उसके ग्राहकों में से कुछ स्मार्ट अर्थशास्त्री दिमाग के लोग उसके मित्र बन गए। उन मित्रों ने उसे सलाह दी कि देखो, तुम कचौरी बहुत अच्छी बनाते हो, कमाते भी बहुत अच्छा हो, बाजार में तुम्हारी मोनोपोली भी है; तुम बस, हमारी अर्थशास्त्र की कुछ सलाह मान लो तो कहाँ-से-कहाँ पहुँच जाओगे। हमारे सुझाव से तुम्हारी कचौरी की लॉरी कचौरी के स्टार्टअप में बदल जाएगी और तुम्हारी करोड़ों की बिक्री होने लग जाएगी।

वह कचौरीवाला बोला कि ठीक है, मुझे करोड़ों की बिक्री करने और कचौरीवाला प्राइवेट लिमिटेड स्टार्टअप खड़ा करने के लिए क्या करना होगा ?

उन अर्थशास्त्री दोस्तों ने सलाह दी कि ठीक है, सबसे पहले तुम सिर्फ एक सुधार करो। तुम अपनी मोनोपोली का फायदा उठाकर कचौरी के दाम 15 रुपए से बढ़ाकर 25 रुपए कर दो। उसने सलाह मान ली। अब, कुछ ग्राहक दाम बढ़ाने से नाराज हो गए और उसकी बिक्री लगभग 20 प्रतिशत कम हो गई।

उन अर्थशास्त्री दोस्तों ने कहा कि देखो, यही तो मजा है। बिक्री 20 प्रतिशत कम हो गई तो अब तुम्हें 20 प्रतिशत कचौरियाँ कम तलनी पड़ेंगी, तुम्हारी मेहनत भी बचेगी और सामान भी; परंतु हमने जो दाम 15 रुपए से 25 रुपए करवाए हैं, उससे आय में 66 प्रतिशत की बढ़ोतरी होती है। अब 20 प्रतिशत बिक्री कम हो भी गई तो भी ओवर ऑल तुम्हें 33 प्रतिशत आय ज्यादा मिल रही है।

कचौरीवाला बहुत खुश हुआ। उसने पूछा कि अगला सुधार क्या करूँ?

उसके दोस्तों ने पूछा कि आदमी कचौरी नाश्ते में खाता है या पेट भरने के लिए डिनर-लंच में खाता है?

वह कचौरीवाला बोला कि सीधी सी बात है, नाश्ते में खाता है। उसके दोस्त बोले—तो यह पिज्जे जितनी बड़ी कचौरी क्यों बनाते हो? इसका साइज आधा करके नॉर्मल कचौरी जितनी कर दो। उससे 50 प्रतिशत लागत कम आएगी।

अब कचौरी में आलू-मटर का क्या काम? वह तो समोसे में डालते हैं। मसाले से आलू-मटर हटा दो, लागत और भी कम हो जाएगी। फिर, कचौरी है या पिज्जा? इसमें पनीर क्यों डालते हो? हटाओ इस पनीर को भी, साथ ही काजू-किशमिश आदि मेवे भी कम कर दो। तुम कौन से राजे-महाराजे को कचौरी खिला रहे हो! आखिर सड़क पर चलते गरीब लोग ही तो खाते हैं!

कचौरीवाले ने सब सुझाव मान लिये, क्योंकि वह फटाफट करोड़पति बनना चाहता था। अब उसकी बिक्री घटकर 20 प्रतिशत ही

रह गई, क्योंकि लोग समझ गए कि इसकी कचौरी अब महँगी भी मिलती है और इसने क्वालिटी भी घटिया कर दी है।

अब उसके दोस्त बोले कि घबराओ नहीं, बिक्री 80 प्रतिशत घटी है तो लागत भी तो कम हो गई। अब एक अंतिम सुझाव देते हैं कि यह घिसी-पिटी लॉरी छोड़कर एक अच्छा रेस्टोरेंट जैसा स्थान किराए पर ले लो। उससे स्टार्टअप का लुक आएगा। लॉरी में गरीबी का लुक आता है। बड़ा सा रेस्टोरेंट जैसा स्थान होगा, सुंदर मेजें होंगी, स्मार्ट-सी रिसेप्शनिस्ट रख लेना। सूट-बूट वाले वेटर रखना। फिर कचौरी खाने सब अमीर आएँगे। उनसे 50 रुपए प्रति कचौरी चार्ज करना।

अब आप समझ गए होंगे कि यह आखिरी सुझाव मानने पर क्या हुआ होगा ? पहली बात तो उसकी लारी 12 वर्षों से जमी हुई थी और भीड़-भाड़ वाली सड़क पर शहर के दो सरकारी स्कूलों के पास थी, जहाँ राहगीर व छात्र नाश्ता करते थे। लॉरी वहाँ से हटाकर रेस्टोरेंट जैसा नाश्ता हाउस करने पर वे सभी ग्राहक टूट गए।

दूसरा, जिन अमीरों के भरोसे उसने रेस्टोरेंट जैसा नाश्ता हाउस खोला था, वे अमीर पहले से ही मोटापा, शुगर, हाई बी.पी. से पीड़ित होने से तला खाने से परहेज करते थे। वे उबले हुए मोमोज खाते थे।

कुल मिलाकर, भाई साहब (गोविंद भाई) की बिक्री बंद हो गई। उन पर भारी कर्जा हो गया। वो सड़क पर आ गए। सौभाग्य से, उनको किस्मत ने मुझसे मिलवा दिया। मैंने उनको सलाह दी कि जो विधि आप 12 वर्षों से कर रहे थे, जिसने आपको अमीर बनाया था, आप उसी विधि को अपनाएँ। आप उसी स्थान पर वही लॉरी लगाएँ। कचौरी का दाम पहले की तरह 15 रुपए ही रखें। कचौरी का साइज भी पहले जैसा कर दें और काजू-किशमिश, पनीर, मटर, आलू—सब कुछ, जो 12 वर्षों से डाल रहे थे, वही डालें।

मेरी सलाह मानने से एक माह में ही उनका धंधा फिर से पहले जैसा हो गया।

कहानी का सार यह है कि आप ऑप्शन ट्रेडिंग की विधि से पूरे महीने में यदि ओवर ऑल मुनाफे में रहते हैं, या मैं कहता हूँ कि कभी-कभार महीने में भले ही घाटा हो, वर्ष भर का रिटर्न निकालें, यदि आपको पूरे वर्ष में कैपिटल पर 15-20-25 प्रतिशत रिटर्न मिल रहा है तो लालची बनकर बार-बार विधियों को बदलने और उनमें अपने दिमाग से उन अर्थशास्त्री मित्रों की तरह नए-नए आइडिया न डालें।

कभी-कभार होने वाले नुकसान से घबराएँ नहीं। इनके स्टॉप लॉस का स्मार्ट तरीके से उपयोग करके कम लॉस पर कवर करने पर ध्यान रखें।

यहाँ मैं प्रसिद्ध वित्तीय लेखक रॉबर्ट टी. कियोसाकी का उल्लेख करके इस अध्याय को समाप्त करना चाहूँगा।

प्रसिद्ध वित्तीय लेखक रॉबर्ट टी. कियोसाकी अपनी पुस्तक 'रिच डैड, पूअर डैड' में लिखते हैं कि अमीर डैडी KISS सिद्धांत में यकीन करते थे। यहाँ KISS का अर्थ है—Keep It Simple or Stupid, अर्थात् साधारण या मूर्खतापूर्ण रणनीतियों से ज्यादा अच्छी तरह से पैसा बनाया जा सकता है।

कुल मिलाकर, उल्लू विधि भी रॉबर्ट टी. कियोसाकी की KISS रणनीति की तरह ही साधारण और मूर्खतापूर्ण है।

आगे के अध्यायों में उल्लू विधि के सिद्धांतों का प्रयोग करके ऑप्शन ट्रेडिंग में पैसा बनाने की कुछ और रणनीतियाँ भी सुझाई जाएँगी।

❑

10

क्या एन.एस.ई. से ज्यादा विश्वसनीय डाटा कहीं से मिल सकते हैं?

मैं अपनी विधियों का बैकटेस्ट करने के लिए एन.एस.ई. के डाटा का प्रयोग करता हूँ।

मेरे फॉलोवर्स कमेंट्स में सुझाव देते हैं कि सर, आप फलाँ-फलाँ (xyz) वेबसाइट का प्रयोग करके ऑप्शन ट्रेडिंग की रणनीतियों का बैकटेस्ट क्यों नहीं करते?

यहाँ मैं किसी भी थर्ड पार्टी वेबसाइट या सॉफ्टवेयर का नाम नहीं लूँगा; परंतु मार्केट में ऐसे अनेक सॉफ्टवेयर्स व वेबसाइटें उपलब्ध हैं, जो इस प्रकार के बैकटेस्ट दिखाने तथा रणनीतियों की जाँच करने का दावा करती हैं।

असल में, ये सब पेड सर्विस प्रोवाइडर्स हैं, जो मासिक या सालाना सब्सक्रिप्शन फीस लेकर आपको इस प्रकार की सेवाएँ प्रदान करते हैं। अब, जब एन.एस.ई. की वेबसाइट पर फ्री में सब प्रकार के डाटा उपलब्ध हैं तो मैं सिर्फ बैकटेस्ट करने के लिए पेड सर्विस प्रोवाइडर्स का उपयोग क्यों करूँ?

मैं खुद सेबी (SEBI) से पंजीकृत एक रिसर्च एनालिस्ट हूँ। मेरे यूट्यूब चैनल के 2 लाख से अधिक फॉलोवर्स हैं और इतने फॉलोवर्स की संख्या किसी को भी उनका दोहन करके पैसा कमाने के लालच में डाल सकती है।

जिन थर्ड पार्टी सर्विस प्रोवाइडर्स के प्लेटफॉर्म का उपयोग करने के सुझाव मेरे पास कमेंट्स में आते हैं, उनमें से ज्यादातर के इ-मेल्स मेरे पास पहले ही आते रहते हैं कि मैं उनके सॉफ्टवेयर/वेबसाइट/एप का प्रयोग करके बैकटेस्ट करने के लिए अपने फॉलोवर्स को प्रोत्साहित करूँ तो बदले में वे मुझे मोटा रेफरल कमीशन देंगे।

परंतु, मैं अपने सिद्धांतों पर कायम हूँ कि यदि मुझे पैसा कमाना है तो मैं शेयर मार्केट से पैसे कमाकर अपने आप को गौरवान्वित महसूस करूँगा; परंतु फॉलोवर्स को थर्ड पार्टी सॉफ्टवेयर/वेबसाइट/एप रिकमंड करके उनसे पैसों का दोहन नहीं करूँगा।

असल में, बहुत से यूट्यूबर्स इन सॉफ्टवेयर विक्रेताओं/वेबसाइटों/एपों से मोटा रेफरल कमीशन कमाने के लिए इनके लिंक देकर आपको ऑप्शन ट्रेडिंग की रणनीतियों का इनसे बैकटेस्ट करने को कहते हैं और बार-बार इन यूट्यूबर्स के वीडियो देख लेने पर आपके दिलो-दिमाग में एक बात बैठ जाती है कि यदि आपको ऑप्शन ट्रेडिंग करनी है तो पहले इनसे मासिक सब्सक्रिप्शन लेकर अपनी रणनीतियों का बैकटेस्ट करवाओ, फिर यह बताएँगे कि आपकी रणनीतियों से अच्छी रणनीति हम आपको दे देते हैं, उसका भी अलग से शुल्क लेंगे और जब आप उनकी रणनीतियों का प्रयोग करके भी पैसा गँवा देंगे, तब आपको स्टॉप लॉस, ऑप्शन मार्केट के रिस्की होने, डिस्क्लेमर व डिस्क्लोजर पढ़ने का हवाला दिया जाएगा।

कुल मिलाकर, हम जो एन.एस.ई. के डाटा का प्रयोग करके बैकटेस्ट कर रहे हैं, उससे ज्यादा विश्वसनीय कोई डाटा हो सकता है क्या ? आपको ज्यादा ही इच्छा हो और आप रीयल टाइम बैकटेस्ट करना चाहते हैं तो मेरे पास एक फ्री में रीयल टाइम बैकटेस्ट करने का आइडिया भी है।

आपने पेपर ट्रेडिंग का नाम तो सुना ही होगा! नहीं सुना हो तो मैं सिखा देता हूँ। एक कागज व कलम उठाइए, सुबह मार्केट खुलने के

आधे घंटे बाद ऑप्शन चेन देखकर मेरी विधियों की 1-1 कॉल पनिक ट्रेड (1-1 लॉट की) लेकर कागज पर नोट कर लीजिए।

हर 15-15 मिनट में इसकी समीक्षा बाजार भाव से करें। यदि कहीं किसी लेग में 2,000 रुपए से ऊपर का लॉस हो रहा है तो नोट कर लीजिए कि आपका स्टॉप लॉस वहाँ ट्रिगर हो गया और दूसरी लेग को मार्केट बंद होने के आखिरी आधे घंटे तक चलने दीजिए।

आखिरी आधे घंटे में जो भी पोजीशन है, उसको कवर करने पर आपको कितना फायदा-नुकसान होता, वह कागज पर नोट कर लीजिए।

यदि पहले दिन आप पेपर ट्रेड में ओवर ऑल नुकसान में रहते हैं तो इसका अर्थ यह नहीं कि आप पुस्तक में बताई गई विधियों को बेकार मानकर पुस्तक को फेंक दें।

असल में, यह संयोग मात्र है कि माह में जो 4-5 ट्रेडिंग दिन घाटे के होते हैं, उन्हीं में आपने पेपर ट्रेड प्रारंभ किया है।

मैं आपको सलाह दूँगा कि ये पेपर ट्रेड पूरे महीने भर करें, उसके पश्चात् ही किसी निर्णय पर पहुँचें।

अब कुछ पाठक फिर से प्रश्न कर सकते हैं कि "परंतु सर, आप जो एन.एस.ई. के हिस्टोरिकल डाटा से बैकटेस्ट करते हैं, उसमें न तो ओपन प्राइस पर और न ही क्लोज प्राइस पर बेचना संभव है। मान लो, मैंने तो सुबह 9.50 पर पोजीशन ली और दोपहर 2.50 पर काटी तो 9.50 पर मेरा खरीद मूल्य क्या था, वह ओपन प्राइस से कैसे पता चलेगा? और 2.50 पर पोजीशन काटने पर मेरा कवर कटने का मूल्य क्लोज प्राइस से कैसे पता चलेगा?

इस प्रश्न के दो उत्तर हैं। पहला उत्तर तो मैंने इस पुस्तक के अध्याय 4 में भी बताया था। एक बार फिर से बता देता हूँ कि प्रैक्टिकल में जब आप इसका प्रयोग करेंगे तो आप देखेंगे कि आप न तो एकदम ओपन प्राइस पर बेच सकते हैं, न ही एकदम क्लोज प्राइस पर। इनमें थोड़ा-बहुत अंतर तो होगा ही। परंतु हिस्टोरिकल डाटा से ओपन-क्लोज प्राइस

के आधार पर इस विधि को चेक करके अपने परफॉर्मेंस का मोटा-मोटा अनुमान तो लगा ही सकते हैं।

इस हिसाब से, यदि 30 दिसंबर, 2022 को आपने मार्केट के ओपन प्राइस 18,259.10 के आधार पर 18,250 की कॉल-पुट एक साथ बेची होती तो 18,250 की कॉल पर आपको लगभग 306.10 रुपए प्रीमियम मिलता। असल में, 18,250 की कॉल 30 मार्च, 2022 को 306.10 पर ओपन हुई थी। मैं मानता हूँ कि यह सही है कि आप इसे 306.10 पर नहीं पकड़ सकते थे; परंतु हो सकता है, आप पहले आधे घंटे में 306.10 से ऊपर भी प्रीमियम ले सकते थे और इससे कुछ कम भी मिल सकता था।

इससे ओवर ऑल हमारी गणना पर कोई ज्यादा फर्क नहीं पड़ने वाला है; क्योंकि यदि कॉल पर आपको 306.10 से कम प्रीमियम मिलता तो लगभग उतना ही आपको पुट पर ज्यादा प्रीमियम भी मिल जाता। आप जानते ही हैं कि कॉल-पुट को शॉर्ट करने पर इनका प्रीमियम एक-दूसरे से विपरीत चलता है।

क्योंकि यदि ओपन होने के बाद मार्केट गिरता तो ही आपके कॉल पर कम प्रीमियम मिलता, परंतु मार्केट गिरने पर आपको पुट पर मिलने वाला प्रीमियम बढ़ जाता। इसलिए, हम जो बैकटेस्ट हिस्टोरिकल डाटा के आधार पर कॉल-पुट का ओपन व क्लोज प्राइस लेकर करने वाले हैं, उसका नतीजा लगभग रीयल टाइम के प्रैक्टिकल बैकटेस्ट के समान ही आएगा।

दूसरा उत्तर यह है कि पेपर ट्रेड करना इसका सबसे उत्तम व मुफ्त विकल्प है। आप पुस्तक पढ़ने के बाद कम-से-कम एक माह तक पेपर ट्रेड करके अनुभव प्राप्त करें, उसके बाद रीयल ट्रेड में उतरें।

एक माह की पेपर ट्रेड सबसे अच्छा रीयल टाइम बैकटेस्ट है। इससे हर 15-15 मिनट में समीक्षा करने पर आपको स्टॉप लॉस का भी अच्छा-खासा आइडिया लग जाएगा।

परंतु, आजकल की चैट जी.पी.टी. एवं ए.आई. (आर्टिफिशियल

इंटेलिजेंस) की दुनिया में हम मेहनत नहीं करना चाहते हैं कि हम अपने मोबाइल में बगैर सिर-पैर के स्टेटस, रील, वीडियो देखकर समय बरबाद करते रहें और बैकटेस्ट आदि के डाटा कहीं से रेडीमेड मिल जाएँ, ताकि पेपर ट्रेड की मेहनत से बचा जा सके।

मेरे ऑफिस में मूलचंदजी नामक एक कार्मिक हैं। वे मेरे पास आए और बोले कि सर, शेयर बाजार से पैसे कमाना हमें भी सिखाओ। मैंने उनको बताया कि जरूर, मैंने शेयर बाजार पर 6 पुस्तकें लिखी हैं। मेरे प्रकाशक प्रभात प्रकाशन, दिल्ली मुझे लेखकीय प्रतियाँ भेजते हैं। मैं कल आपको 6 पुस्तकें फ्री में लाकर दे दूँगा, आप उन्हें पढ़ना। जो भी मुझे आता है, आप सब सीख जाएँगे।

वे बोले कि सर, पुस्तकें मत लाना, क्योंकि मेरे पास पुस्तकें पढ़ने का टाइम नहीं है। अब आप स्वयं सोचें कि मुझे 6 पुस्तकें लिखने में कितना समय लगा होगा; जबकि पाठकों के पास पुस्तक पढ़ने जितना भी समय नहीं है।

दूसरा, शेयर बाजार यदि 15 मिनट की मुलाकात और 5 मिनट की फोन कॉल पर समझ में आ जाता तो मैं 6 पुस्तकें क्यों लिखता? (आपके हाथ में यह मेरी सातवीं पुस्तक है।)

कुल मिलाकर, यदि आप भी फालतू के स्टेटस, रील, वीडियो, मैच आदि देखकर समय काट रहे हैं और जिंदगी को जी रहे हैं तो आपके लिए ऑप्शन ट्रेडिंग की यह पुस्तक भी बेकार ही गई। अब आपको किसी और आसान पुस्तक की तलाश करनी पड़ेगी, जो जीवन भर की अंतहीन खोज है।

परंतु, यदि आप पेपर ट्रेड करके खुद प्रैक्टिस करेंगे तो फ्री में आप धीरे-धीरे ऑप्शन ट्रेडिंग में एक्सपर्ट हो जाएँगे।

ईश्वर भी उन्हीं की मदद करता है, जो अपनी मदद खुद करते हैं। इसलिए पेपर ट्रेड की मेहनत से बचिए नहीं; हर विधि को 1-1 माह पेपर ट्रेड पर जरूर आजमाइए, उसके बाद रीयल ट्रेड में उतरिए।

◻

11

आयरन कोंडोर रणनीति क्या है?

ऑप्शन ट्रेडिंग की तकनीकों के नाम जब आप पढ़ेंगे तो आपको लगेगा कि आप किसी चिड़ियाघर में आ गए हैं, क्योंकि मेरी पुस्तक में आपने उल्लू रणनीति के बारे में पढ़ा। इसके अलावा, ऑप्शन ट्रेडिंग में एक तितली रणनीति या बटरफ्लाई स्ट्रेटेजी भी होती है।

इस अध्याय में हम जिस रणनीति का वर्णन पढ़ेंगे, वह कोंडोर रणनीति है। कोंडोर को आप 'गिद्ध' कह सकते हैं।

कोंडोर बहुत बड़े साइज के पक्षी होते हैं। गिद्ध प्रजाति के ये पक्षी मानव से भी बड़े आकार के दिखाई देते हैं। इनका वजन लगभग 15 किलो और पंखों का फैलाव 11 फीट तक होता है।

आमतौर पर कोंडोर पक्षी लैटिन अमेरिका में एंडीज पर्वत-श्रृंखला के आसपास पाए जाते हैं। चूँकि ऑप्शन ट्रेडिंग की शुरुआत पहले अमेरिका में ही हुई थी, इसलिए इस रणनीति का ग्राफ उड़ते हुए कोंडोर पक्षी की तरह दिखाई देने के कारण इस रणनीति को 'आयरन कोंडोर रणनीति' नाम दिया गया।

यह विधि शॉर्ट स्ट्रेंगल की कमियों को दूर करके बनाई गई है। मैं मजाक में कहता हूँ कि जैसे उल्लू का बड़ा भाई गिद्ध मान सकते हैं, वैसे उल्लू स्ट्रेंगल का बड़ा भाई आयरन कोंडोर को मान सकते हैं।

आयरन कोंडोर थोड़ी जटिल रणनीति है और समझने में थोड़ी कठिन पड़ती है, परंतु मैं आपको बहुत ही सरल तरीके से समझाने वाला हूँ।

इस रणनीति को समझाने के लिए यह आवश्यक है कि पहले आपने शॉर्ट स्ट्रेंगल को अच्छी तरह से समझ लिया हो। इसलिए, यदि आप पुस्तक को बीच में से खोलकर पढ़ रहे हैं तो पहले आप अध्याय 5, 6 व 8 से शॉर्ट स्ट्रेंगल को अच्छी तरह से समझ लें, तभी आपको यह विधि अच्छी तरह से समझ में आ सकती है।

आयरन कोंडोर रणनीति के संक्षेप में चार भाग हैं—

1. एक आउट ऑफ मनी कॉल सेल करते हैं।
2. सेल की हुई कॉल के प्रीमियम से कम प्रीमियम की एक आउट ऑफ मनी कॉल खरीद लेते हैं।
3. एक आउट ऑफ मनी पुट सेल करते हैं, उक्त दोनों भाग आप पहले ही शॉर्ट स्ट्रेंगल के रूप में समझ चुके हैं। अब इस प्रकार से बनाए हुए शॉर्ट स्ट्रेंगल में रिस्क को लिमिटेड करने के लिए 1-1 कॉल-पुट खरीद भी लेते हैं, अर्थात्
4. सेल की हुई पुट के प्रीमियम से कम प्रीमियम की एक आउट ऑफ मनी पुट खरीद लेते हैं।

यदि आपको कुछ समझ में नहीं आ रहा है तो घबराएँ नहीं। मैं समझता था कि यह रणनीति जटिल है, इसलिए आपको मैंने चित्रों सहित प्रैक्टिकल उदाहरण देकर समझाने का प्रयास किया है, ताकि आपको अच्छे से समझ आ जाए।

आप 1 जून, 2023 को 12.30 बजे के आसपास निफ्टी की मंथली एक्सपायरी का ऑप्शन चेन का डेटा देखिए—

		CALLS								STRIKE			PUTS							
OI	CHNG IN OI	VOLUME	IV	LTP	CHNG	BID QTY	BID	ASK	ASK QTY	STRIKE	BID QTY	BID	ASK	ASK QTY	CHNG	LTP	IV	VOLUME	CHNG IN OI	OI
1,798	11	90	-	756.75	-11.90	50	753.75	756.10	50	17,900.00	700	36.10	36.25	800	-2.55	36.10	13.05	9,265	1,111	20,347
613	4	14	-	715.00	-9.65	200	704.65	713.85	50	17,950.00	1,250	41.00	41.20	150	-2.75	41.20	12.94	2,094	116	2,532
26,585	176	1,342	-	666.40	-10.30	50	666.55	668.40	200	18,000.00	50	47.45	47.60	1,200	-2.80	47.60	12.89	20,677	-625	99,766
190	13	23	-	609.60	-30.55	3,700	612.90	625.90	200	18,050.00	2,900	52.40	52.65	800	-2.00	53.05	12.65	1,208	-100	2,003
4,725	269	581	-	571.60	-18.55	100	578.20	579.75	200	18,100.00	850	58.75	59.00	1,050	-2.75	59.05	12.50	8,306	161	19,361
468	3	14	5.38	549.95	1.30	50	532.85	540.80	150	18,150.00	1,300	66.70	67.00	1,400	-3.20	66.65	12.40	1,245	60	1,728
13,294	870	4,186	-	497.20	-13.40	50	496.00	497.50	500	18,200.00	950	75.45	75.70	1,100	-3.00	75.60	12.28	19,348	552	57,616
1,631	-111	1,091	5.40	454.30	-8.40	450	453.50	456.10	100	18,250.00	650	84.35	84.60	150	-2.70	84.35	12.14	3,557	171	3,503
20,853	-2,146	11,478	6.55	417.00	-11.55	50	416.85	417.50	250	18,300.00	50	94.85	95.05	700	-2.35	95.00	12.01	26,987	-2,009	48,865
1,834	9	197	6.06	379.05	-11.00	100	377.60	379.20	400	18,350.00	650	106.65	107.10	1,650	-1.20	107.00	11.95	1,700	139	3,268
17,935	-2,345	11,784	7.23	342.30	-10.30	150	342.30	342.95	500	18,400.00	100	120.90	121.20	100	-2.40	120.95	11.85	22,262	-2,516	30,106
2,176	606	1,614	7.44	309.40	-8.30	300	307.50	308.35	300	18,450.00	150	135.10	135.65	150	-0.85	135.15	11.77	1,400	115	2,339
37,774	-934	35,726	7.57	274.50	-7.75	100	274.50	274.95	350	18,500.00	1,000	151.60	151.95	50	-1.85	151.65	11.66	44,879	-1,135	34,061
3,173	905	4,987	7.70	243.10	-10.45	600	243.10	243.80	450	18,550.00	100	170.20	170.70	100	-2.30	170.15	11.64	6,594	1,119	2,872
28,956	3,637	38,889	7.72	212.75	-8.90	350	212.70	213.15	50	18,600.00	50	190.05	190.40	1,300	-0.70	190.40	11.56	43,154	2,938	23,509
3,427	690	4,671	7.79	185.35	-9.05	200	185.35	185.90	100	18,650.00	50	211.65	212.20	450	-0.90	211.95	11.57	4,101	-493	1,941
22,460	608	19,287	7.79	159.90	-8.45	100	159.65	159.90	50	18,700.00	100	236.00	236.35	50	0.15	236.00	11.55	11,025	-884	11,250
2,739	4	2,048	7.79	137.10	-7.65	50	136.40	136.85	100	18,750.00	900	261.85	262.70	300	7.50	265.30	11.56	494	-16	347
27,708	-107	16,387	7.78	115.50	-7.10	250	115.30	115.60	800	18,800.00	50	290.00	290.50	50	-0.30	290.50	11.57	4,129	45	7,392
3,012	111	2,546	7.76	97.35	-7.95	1,050	96.55	96.95	750	18,850.00	250	320.95	321.95	250	-0.60	321.80	11.71	123	1	226
21,916	271	12,005	7.75	79.80	-6.45	200	79.70	79.90	200	18,900.00	200	353.80	354.75	300	3.95	354.25	11.82	1,501	-6	2,585
2,643	373	1,890	7.74	65.80	-5.85	200	65.40	65.60	200	18,950.00	50	387.55	393.00	150	7.90	397.20	12.38	5	-	186
77,286	894	27,250	7.61	54.60	-5.00	300	54.45	54.60	900	19,000.00	150	427.85	429.30	250	0.80	428.35	12.26	3,193	-3	23,485

अब इसमें निफ्टी का स्पॉट प्राइस 18,546.75 है, अर्थात् 18,600 की कॉल आउट ऑफ मनी कॉल है। इसलिए, आयरन कोंडोर बनाने के लिए यदि आप 18,600 की 1 कॉल बेचते तो उक्त डेटा के अनुसार 212.70 पर बिकती।

यहाँ आपने यह भी नोटिस किया होगा कि मैंने आस्क प्राइस 213.15 न लेकर बिड प्राइस 212.70 लिया है, क्योंकि आस्क प्राइस तो आपके जैसे किसी बेचने वाले का भाव है; जबकि बिड प्राइस वह प्राइस है, जिस पर कोई खरीदना चाहता है। इसलिए, यदि आप मार्केट प्राइस पर बेचते तो आपको 212.70 का भाव ही मिलता।

अब इसमें रिस्क लिमिटेड करने के लिए 18,600 से अगले लेवल की, अर्थात् 18,650 की एक आउट ऑफ मनी कॉल 185.90 पर खरीद लेते। यहाँ मैंने आस्क प्राइस लिया है, क्योंकि बेचने वाला इससे कम कीमत पर आपको बेचने के लिए तैयार नहीं है। अत: ऊपर जो मैंने आपको चार पॉइंट समझाए थे, उसके पहले व दूसरे पॉइंट कंपलीट हो गए कि—

1. एक आउट ऑफ मनी कॉल सेल करते हैं।
2. सेल की हुई कॉल के प्रीमियम से कम प्रीमियम की एक आउट ऑफ मनी कॉल खरीद लेते हैं।

अब 18,550 की पुट एड द मनी पुट है, अर्थात् 18,550 पर मार्केट प्राइस 18,546.75 के अनुसार थोड़ा-बहुत प्रॉफिट मिल रहा है। इसलिए इसे पूरी तरह से आउट ऑफ मनी पुट नहीं मान सकते, इसलिए 18,500 की एक आउट ऑफ मनी पुट 151.60 पर बेचते हैं।

इसमें ज्यादा गिरावट की रिस्क कवर करने के लिए इससे अगले स्तर 18,450 की एक आउट ऑफ मनी पुट 135.65 पर खरीद लेते हैं।

अब ऊपर बताए गए 4 पॉइंट में से तीसरा व चौथा पॉइंट भी कंपलीट हो गए कि—

1. एक आउट ऑफ मनी पुट सेल करते हैं। उक्त दोनों भाग आप

पहले ही शॉर्ट स्ट्रेंगल के रूप में समझ चुके हैं। अब इस प्रकार से बनाए हुए शॉर्ट स्ट्रेंगल में रिस्क को लिमिटेड करने के लिए 1-1 कॉल-पुट खरीद भी लेते हैं, अर्थात्

2. सेल की हुई पुट के प्रीमियम से कम प्रीमियम की एक आउट ऑफ मनी पुट खरीद लेते हैं।

इस प्रकार का आयरन कोंडोर बनाना छोटे निवेशकों व रिटेल ट्रेडर्स में बहुत लोकप्रिय है, क्योंकि इसमें कॉल-पुट सेल करने के साथ-साथ उससे जस्ट अगले स्तर की कॉल-पुट खरीद भी लेने से इसमें रिस्क बहुत कम हो जाता है। इसलिए मार्जिन भी बहुत कम 35,000 से 50,000 के बीच में ही लगता है।

अब मार्केट बंद होते समय के आसपास लगभग 3.15 की स्थिति निम्न चित्र में देखिए—

			CALLS							STRIKE			PUTS							
OI	CHNG IN OI	VOLUME	IV	LTP	CHNG	BID QTY	BID	ASK	ASK QTY	STRIKE	BID QTY	BID	ASK	ASK QTY	CHNG	LTP	IV	VOLUME	CHNG IN OI	OI
1,796	9	143	-	705.50	-63.15	400	705.45	708.65	50	17,900.00	100	42.20	42.35	50	3.60	42.25	12.83	18,050	1,263	20,499
614	5	16	-	658.00	-66.65	50	658.50	665.00	50	17,950.00	100	48.00	48.35	2,250	4.60	48.55	12.73	3,249	284	2,700
26,505	96	2,930	-	619.00	-57.70	300	620.90	622.75	100	18,000.00	50	55.80	56.00	3,950	5.55	55.95	12.73	39,419	474	1,00,865
201	24	48	10.92	561.85	-78.30	50	573.00	581.20	50	18,050.00	800	61.55	61.85	1,250	7.10	62.15	12.51	2,310	55	2,158
4,682	226	951	6.93	534.10	-36.05	150	533.40	535.00	450	18,100.00	200	69.15	69.45	100	7.40	69.20	12.36	14,642	-344	18,856
468	3	21	9.32	501.00	-47.65	50	490.85	498.25	50	18,150.00	50	77.95	78.30	1,350	9.05	78.90	12.24	2,517	246	1,914
13,256	832	7,192	8.21	455.45	-55.15	500	455.60	456.90	300	18,200.00	100	88.15	88.40	150	9.85	88.45	12.14	35,431	1,123	58,187
1,568	-174	1,284	8.22	406.80	-55.90	550	416.10	416.40	250	18,250.00	150	98.55	98.95	1,350	11.95	99.00	11.98	6,493	568	3,900
21,139	-1,860	14,862	8.40	376.05	-52.50	1,100	378.00	379.10	100	18,300.00	100	110.30	110.50	200	13.20	110.55	11.88	47,092	-312	50,562
1,761	-64	484	8.47	341.85	-48.20	600	342.05	342.65	250	18,350.00	1,350	123.30	123.45	250	15.25	123.45	11.74	3,713	-78	3,051
17,849	-2,431	20,482	8.53	308.10	-44.50	1,950	307.95	308.55	650	18,400.00	50	139.15	139.35	1,100	15.60	138.95	11.65	40,897	-3,750	28,872
2,726	1,156	3,234	8.49	274.50	-43.20	700	274.65	275.50	550	18,450.00	1,350	154.70	155.30	50	19.55	155.55	11.56	2,885	-42	2,182
39,234	526	61,302	8.49	243.00	-39.25	100	242.80	243.00	100	18,500.00	100	173.05	173.35	50	19.50	173.00	11.47	81,719	243	35,439
3,123	855	8,282	8.49	213.50	-40.05	800	213.15	213.75	1,200	18,550.00	900	192.95	193.55	50	21.05	193.50	11.41	10,624	1,105	2,858
32,740	7,421	65,488	8.44	184.20	-37.45	50	183.95	184.25	50	18,600.00	750	215.45	215.60	50	24.30	215.40	11.34	71,013	3,209	23,780
3,833	1,096	7,779	8.44	159.75	-34.65	400	159.50	159.80	50	18,650.00	700	238.55	239.20	850	27.95	240.80	11.35	6,343	-249	2,185
22,941	1,089	33,083	8.39	136.00	-32.35	50	135.90	136.20	500	18,700.00	50	264.90	265.50	700	29.60	265.45	11.34	18,119	-1,738	10,396
2,759	24	4,177	8.39	115.45	-29.30	100	115.45	115.75	1,200	18,750.00	700	294.70	295.55	600	39.15	296.95	11.39	949	69	432
31,376	3,561	37,958	8.36	97.00	-25.60	150	96.90	97.15	100	18,800.00	550	325.35	325.65	1,000	34.85	325.65	11.45	8,205	725	8,072
3,240	339	5,232	8.31	79.95	-25.35	200	79.70	79.95	50	18,850.00	500	357.35	358.35	500	44.00	366.40	11.59	361	23	248
21,901	256	28,969	8.29	65.70	-20.55	200	65.65	65.90	1,750	18,900.00	400	392.40	393.50	150	44.70	395.00	11.68	2,422	-138	2,453
3,199	929	4,398	8.23	52.70	-18.95	550	53.00	53.30	400	18,950.00	50	429.30	430.90	450	50.30	439.60	11.69	99	34	220
77,332	940	52,136	8.29	43.60	-16.00	100	43.70	43.80	1,750	19,000.00	50	470.00	471.25	450	43.65	471.20	12.17	6,208	-167	23,321

अब मार्केट 49.25 अंक गिरकर 18,485.15 पर आ चुका था, जो 18,600 की कॉल इसने 212.70 पर बेची थी, उसे 184.25 पर खरीदकर कवर कर सकते थे। इस ट्रेड में हमें 50 के लॉट पर 212.70−184.25=28.45×50=1,422.50 का लाभ मिलता।

अब 18,650 की कॉल, जो 185.90 पर खरीद की थी, उसे 159.50 में बेच देते तो हमें इस पूरे में 185.90−159.50=26.40×50=1,320 का घाटा होता।

अब पुट तो 18,500 की, इसने 151.60 पर बेची थी, उसे 173.35 पर खरीदना पड़ता।इस टेस में हमें 173.35−151.60=21.75×50=1,087.50 का घाटा होता।

दूसरी ओर जो पुट 18,450 की 135.65 पर खरीदी थी, उसे 154.70 पर बेचते तो हमें 154.70−135.65=19.05×50=952.50 का लाभ होता।

कुल मिलाकर, इस सारणी के अनुसार हमें इंट्राडे में आयरन कोंडोर बनाने पर 32.50 और ब्रोकरेज व चार्जेज का घाटा ही होता।

ऑप्शन का प्रकार	स्ट्राइक प्राइस	विक्रय/क्रय	विक्रय या खरीदी के समय प्रीमियम	स्क्वेयर ऑफ के समय प्रीमियम	लाभ/हानि 50 के लॉट पर
कॉल	18,600	विक्रय	212.70	184.25	1,422.50
कॉल	18,650	क्रय	185.90	159.50	−1,320.00
पुट	18,500	विक्रय	151.60	173.35	−1,087.50
पुट	18,450	क्रय	135.65	154.70	952.50
कुल लाभ या हानि					32.50

इसलिए आयरन कोंडोर की रणनीति इंट्राडे में इतनी अच्छी व कामयाब नहीं है, क्योंकि इंट्राडे में इससे ज्यादातर छोटा नुकसान या छोटा मुनाफा ही होता है। कुल मिलाकर, ब्रोकरेज व चार्जेज मिलाने पर ज्यादातर घाटा ही होता है।

अब आप प्रश्न करेंगे कि यदि यह विधि इतनी कामयाब नहीं है तो मैंने क्यों आपका समय बरबाद किया? असल में, यह विधि इंट्राडे के लिए नहीं है। अब आपके मन में प्रश्न उठ रहा होगा कि यदि आयरन कोंडोर इंट्राडे में नहीं करना है, तो किसमें करना है?

क्या आयरन कोंडोर मंथली एक्सपायरी में रहना चाहिए?

क्या आयरन कोंडोर वीकली एक्सपायरी में करना चाहिए?

इसके लिए मैं आपको आयरन कोंडोर की बैंक निफ्टी की वीकली एक्सपायरी का उदाहरण देकर समझा रहा हूँ, जिससे आप खुद अंदाजा लगा सकते हैं कि आयरन कोंडोर किस एक्सपायरी में करना ज्यादा बेहतर है।

मैंने उदाहरण का चयन करने में कोई भेदभाव नहीं किया है। मैं पुस्तक का यह भाग जुलाई 2023 में लिख रहा हूँ, इसलिए मैंने वीकली एक्सपायरी के लिए 6 जुलाई, 2023 की एक्सपायरी को चुना है।

बैंक निफ्टी के लिए जुलाई 2023 के प्रथम सप्ताह 30 जून से 6 जुलाई, 2023 की एक्सपायरी वाले सप्ताह में यदि हम आयरन कोंडोर बनाते तो सबसे पहले हम 30 जून, 2023 के बैंक निफ्टी के स्तरों पर नजर डाल लेते हैं—

दिनांक	खुला	उच्चतम	न्यूनतम	बंद
30-Jun-23	44,666.0	44,787.1	44,447.20	44,747.35

बैंक निफ्टी की एक्सपायरी 6 जुलाई, 2023 के दिन के प्राइस निम्न प्रकार से थे—

दिनांक	खुला	उच्चतम	न्यूनतम	बंद
06-Jul-23	45,060.55	45,417.50	45,042.60	45,339.90

अर्थात् पूरे सप्ताह में बैंक निफ्टी 673.90 अंक बढ़ा।

मान लीजिए, हमने 6 जुलाई, 2023 को आयरन कोंडोर बनाने के लिए बैंक निफ्टी ओपन होते ही 44,700 की कॉल बेची और 44,800

की कॉल खरीद ली। इसी प्रकार 44,600 की पुट बेची और 44,500 की पुट खरीद ली। अब इसे हमने पूरे सप्ताह एक्सपायरी तक होल्ड किया होता तो 6 जुलाई, 2023 की एक्सपायरी के दिन हमें निम्न प्रकार से लाभ-हानि होती—

ऑप्शन का प्रकार	स्ट्राइक प्राइस	विक्रय/ क्रय	विक्रय या क्रय के समय प्रीमियम	स्क्वेयर ऑफ के समय प्रीमियम	लाभ/हानि 25 के लॉट पर
कॉल	44,700	विक्रय	175	632.90	−11,447.50
कॉल	44,800	क्रय	149.85	541.95	9,802.50
पुट	44,600	विक्रय	310	वर्थलेस	7,750
पुट	44,500	क्रय	265	वर्थलेस	−6,625
कुल लाभ या हानि					−520

उक्त उदाहरणों से आप समझ गए होंगे कि आयरन कोंडोर में हम जो कॉल-पुट बेचकर प्रीमियम प्राप्त करते हैं, उसी प्रीमियम से हम कुछ सस्ती (अगली आउट ऑफ मनी) कॉल व पुट खरीद लेते हैं।

अर्थात् कॉल व पुट बेचने से जो प्रीमियम मिला, उसका ही कुछ हिस्सा कॉल-पुट खरीदने में काम आता है।

अतः हमारा अधिकतम फायदा तभी है, जब खरीदी और बेची गई सभी कॉल-पुट वर्थलेस एक्सपायर हो जाएँ।

ऐसा तभी संभव है, जब मार्केट निफ्टी के मामले में लगभग 200 पॉइंट और बैंक निफ्टी के मामले में लगभग 400 पॉइंट रेंज बाउंड रहे।

अब मंथली एक्सपायरी में लंबा समय होता है, इसलिए उसमें इस प्रकार से निफ्टी के 200 अंकों के दायरे में रहने की संभावना कम होती है; परंतु वीकली एक्सपायरी में हमें मात्र 5 दिन मिलते हैं, इसलिए इन 5 दिनों में मार्केट के इस प्रकार रेंज बाउंड रहने की अधिकतम संभावना होती है। अतः आयरन कोंडोर को वीकली एक्सपायरी में बनाना चाहिए।

ऊपर की वीकली एक्सपायरी में बैंक निफ्टी 673.90 अंक बढ़ा, इसलिए मामूली नुकसान 520 रुपए का हुआ। यदि यह 400 अंक से कम बढ़ा होता तो हम फायदे में रहते। मैंने उदाहरण का चयन ईमानदारी से किया, इसलिए नुकसान वाला उदाहरण आपके सामने आया; परंतु यदि हर सप्ताह आप इस प्रकार से आयरन कोंडोर बनाएँ तो सप्ताह के बीच में ऐसे अवसर आते हैं, जब आपका बैंक निफ्टी के 1–1 लॉट का आयरन कोंडोर 1,100 रुपए से ऊपर फायदे में दिख सकता है। उसको उसी समय बुक कर लेना फायदेमंद रहता है। फिर आप अगले दिन अगले सप्ताह की एक्सपायरी वाला नया आयरन कोंडोर बना सकते हैं।

इसलिए संक्षेप में, यहाँ रणनीति इस प्रकार से है—

1. निफ्टी, बैंक निफ्टी एवं फिन निफ्टी—तीनों की वीकली एक्सपायरी में एक-एक आयरन कोंडोर बनाएँ।
2. आयरन कोंडोर में नुकसान सीमित होने से इसमें स्टॉप लॉस की संभावना नहीं होती, क्योंकि आप अपना नुकसान सीमित कर चुके होते हैं।
3. आयरन कोंडोर में प्रॉफिट बुक करने के लिए एक्सपायरी तक इंतजार करने की आवश्यकता नहीं है। एक बार जब आपकी पोजीशन फायदे में आ जाए, तब टेलिंग स्टॉप लॉस के साथ इसे होल्ड करके एक्सपायरी के पहले ही प्रॉफिट बुक कर सकते हैं।
4. भले ही यह स्ट्रेटेजी सीमित नुकसान वाली हो, परंतु पुस्तक के पिछले अध्यायों में बताया गया 1–1 लॉट का रूल फॉलो करना मत भूलिए।
5. आयरन कोंडोर में प्रत्येक 1–1 लॉट के आयरन कोंडोर में 1,100 रुपए का प्रॉफिट टारगेट ऑप्टिमम रहता है। सप्ताह के बीच में कभी भी 1,100 रुपए से ऊपर मिल जाए तो बुक कर

लें और अगले सप्ताह का नया आयरन कोंडोर बना लें। इसमें स्टॉप लॉस की ज्यादा जरूरत नहीं रहती। आप देख सकते हैं कि बैंक निफ्टी में 600 पॉइंट से ऊपर मूव आ गया तो भी हमारा नुकसान 520 रुपए तक ही सीमित रहा था।

आपके पास ज्यादा पैसा है तो अन्य स्ट्रेटेजी में लगाएँ; परंतु 1-1 लॉट से ज्यादा बड़ी पोजीशन एक साथ बनाने पर आपके हारने के चांस बढ़ जाते हैं, क्योंकि आपकी पोजीशन बड़े ट्रेडर्स (तथाकथित ऑपरेटर्स) को दिखने से वे आपका स्टॉप लॉस हिट करवा सकते हैं।

इस बारे में मेरी पुस्तक '41 ट्रेडिंग टिप्स' में मेरे द्वारा विस्तृत प्रकाश डाला जा चुका है। जिन्होंने यह पुस्तक नहीं पढ़ी हो, उनके लिए फिर से थोड़ा प्रकाश डाल देता हूँ कि कैसे मार्केट में बड़े ऑपरेटर आपकी पोजीशन को आसानी से देख सकते हैं और आपका स्टॉप लॉस बहुत ही सरलता से हिट करवा सकते हैं।

कहते हैं कि दीवारों के भी कान होते हैं। वर्तमान में जब कंप्यूटर सिस्टमों से ट्रेडिंग होती है, तब आपकी ऑप्शन पोजीशन को आपके ऑनलाइन ट्रेडिंग सेवा-प्रदाता की स्क्रीन पर आसानी से देखा जा सकता है। आप खुद भी मार्केट डेप्थ में आसानी से मार्केट में उपलब्ध ऑर्डर को देख सकते हैं।

इससे आपकी ली गई पोजीशन, आपने मार्जिन पोजीशन ली है या कैश एंड कैरी ली है, सबकुछ आपका ऑनलाइन ट्रेडिंग सेवा-प्रदाता तो देख ही सकता है; इसके अलावा ब्रोकर, सब-ब्रोकर, ट्रेडिंग मेंबर आदि कौन-कौन आपकी पोजीशन को देख सकते हैं, यह कहना मुश्किल है, पर कंप्यूटर के युग में असंभव भी नहीं है।

आप सोच रहे होंगे कि भाई, कोई यदि मेरे ऑर्डर, मेरी ट्रेडिंग पोजीशन को देख भी लेता है तो इससे मुझे क्या फर्क पड़ने वाला है?

क्या आपने कभी ताश खेले हैं?

क्या आप अपने पत्ते दूसरों को देखने देते थे?

ताश में आपके पत्ते आपके विपक्षी खिलाड़ी द्वारा देख लिये जाएँ तो आपको क्या फर्क पड़ता?

मैं इस पुस्तक का लेखक इस बारे में शत-प्रतिशत सुनिश्चित नहीं हूँ कि आपकी इंट्राडे ऑप्शन व मार्जिन पोजीशन को कौन-कौन देख सकता है और इसका क्या-क्या दुरुपयोग होने की संभावना है?

पर यदि इसकी 1 प्रतिशत भी संभावना है तो आप खतरे में हैं। मेरी पत्नी के पास तो एक ऑनलाइन ट्रेडिंग प्लेटफॉर्म से फोन भी आया था। कोई महिला बोल रही थी कि सीमाजी, मैं देख रही हूँ, आप स्टॉप लॉस बहुत छोटा रखती हैं? जो अकसर हिट हो जाता है। इस पर मैंने उनसे पूछा कि आप कौन बोल रही हैं, वह बोली—मैं सीमाजी की ट्रेडिंग मैनेजर हूँ। मैंने कहा कि आपको हमारी पोजीशन व स्टॉप लॉस देखने का क्या अधिकार है?

उसने बताया कि हमारी कंपनी ने क्लाइंट वार रिलेशनशिप मैनेजर नियुक्त किए हैं, ताकि हम आपको ट्रेडिंग में पैसा कमाने के लिए गाइड कर सकें। सीमाजी की ट्रेडिंग आई.डी. मेरे अंडर में दी हुई है, इसलिए मैं उनकी हर ट्रेड, प्रॉफिट बुकिंग या लॉस बुकिंग व स्टॉप लॉस देख पाती हूँ।

अब आप सोचें कि यदि आपने किसी कंपनी के 1,000 शेयर मार्जिन पर 1,043 के भाव पर खरीदे हैं, आप 1,048 का टारगेट रखते हैं और 1,038 का स्टॉप लॉस रखते हैं।

अत: एक बड़ा ऑपरेटर यदि यह पोजीशन देख सकता है, जो उसे पता है, मार्केट में कितने-कितने ऑर्डर किस-किस भाव पर लगे हैं। उसे दिख रहा है कि यदि वह उस कंपनी के 5,000 शेयर एक साथ बेच देता है तो आपका स्टॉप लॉस हिट हो जाएगा, क्योंकि 5,000 शेयर एक साथ बेचने पर भाव 1,043, 1,042, 1,041, 1,040"''इस प्रकार गिरते-गिरते कम होकर 1,035 पर आ जाएगा तो आपका स्टॉप लॉस 1,038 पर हिट हो जाएगा। उसी समय वह 5,000 शेयर वापस भी खरीद लेगा।

उसके 5,000 शेयर 1,043 से 1,035 के बीच बिके। आपके जैसे बहुत से ट्रेडर इस प्राइस पर शेयर बेचकर पोजीशन काटना चाहेंगे। उनसे वह 1,035 से 1,038 के बीच में 5,000 शेयर वापस ले लेगा तो उसे अच्छा-खासा लाभ होगा और आपको स्टॉप लॉस हिट होने से 1,000 शेयरों पर 5 रुपए प्रति शेयर के हिसाब से 5,000 का घाटा होगा।

अब आप पूछेंगे कि यदि ऐसा है तो हमारी बड़ी पोजीशन में ही स्टॉप लॉस हिट होने की संभावना क्यों है और 1-1 लॉट में हमारी पोजीशन का स्टॉप लॉस हिट क्यों नहीं हो सकता?

इसका सीधा-सा उत्तर यह है कि कथित ऑपरेटर्स यदि कोई होता है तो उसका ध्यान बड़ी पोजीशनों पर रहेगा और 1-1 लॉट की छोटी पोजीशनों पर ध्यान देने की संभावना कम है। फिर, हमने जो 2,000 प्रति लॉट का स्टॉप लॉस रखा है, वह काफी दूर रखा है। यह कोई छोटा स्टॉप लॉस नहीं है, जो कथित ऑपरेटर्स आसानी से ट्रिगर करवा सकें।

◻

12

ऑप्शन ट्रेडिंग की मेरी तराजू विधि

आपने तुला या तराजू तो देखी ही होगी। हम बाजार में जब किसी दुकानदार से कोई वस्तु लेने जाते हैं तो वह तराजू में एक तरफ बाट रखता है और दूसरी तरफ उसके बराबर वजन का सामान तौलकर दे देता है।

ऑप्शन ट्रेडिंग में भी ऑप्शन चेन की तुलना आप तराजू से कर सकते हैं। यदि कोई दुकानदार बाट से कम वजन का सामान आपको तौलकर देता है तो आप समझ सकते हैं कि वह दुकानदार आपके साथ कोई बेईमानी कर रहा है। इसी प्रकार, यदि कोई दुकानदार बाट से ज्यादा थोड़ा झुकते हुए पलड़े वाला सामान आपको देता है, तो आप समझ सकते हैं कि दुकानदार भला आदमी है और वजन से थोड़ा ज्यादा ही सामान आपको दे रहा है। इसी प्रकार, मैं आपको ऑप्शन चेन को तराजू की भाँति देखकर यह पता लगाने की विधि सिखाने वाला हूँ कि मार्केट आज बढ़ने वाला है या घटने वाला है।

चूँकि इसमें ऑप्शन चेन की तुलना तराजू के पलड़ों से करते हैं, इसलिए मैंने इस विधि को ऑप्शन ट्रेडिंग की तराजू विधि का नाम दिया है।

ऑप्शन चेन में सबसे बीच में स्ट्राइक प्राइस दिया हुआ होता है। उसके बाईं ओर कॉल का प्रीमियम दिया होता है और दाईं ओर पुट का प्रीमियम दिया होता है।

इसको ज्यादा समझने के लिए आप चित्र संख्या 3 को ध्यानपूर्वक देखिए—

ऑप्शन चेन

कॉल का
प्रीमियन

पुट का
प्रीमियन

स्पॉट के नजदीकी   स्ट्राइक प्राइस

इसमें चित्र संख्या 3 में मैंने लिखा है कि स्पॉट प्राइस के सबसे नजदीकी स्ट्राइक प्राइस, अर्थात् हमें तराजू विधि का प्रयोग करने के लिए स्पॉट प्राइस के निकटतम जो स्ट्राइक प्राइस हो, उसका चयन करना है।

मैंने इस विधि का जो वीडियो मेरे यूट्यूब चैनल पर डाला था, उसमें मैंने बताया था कि जो भी कॉल स्पॉट प्राइस के आधार पर इन द मनी कॉल हो, उस स्ट्राइक प्राइस का चयन आपको तराजू विधि के लिए करना है।

अब, ऑप्शन मार्केट में ऑप्शन चेन के लिए 'इन द मनी कॉल स्पॉट प्राइस' के आधार पर नहीं मानी जाकर फ्यूचर प्राइस के आधार पर मानी जाती है। इसलिए उस वीडियो में फॉलोवर्स कन्फ्यूज हो गए थे और बार-बार कमेंट करके पूछ रहे थे कि स्पॉट प्राइस के आधार पर कॉल इन द मनी या आउट ऑफ मनी नहीं होती। चूँकि ऑप्शन में फ्यूचर प्राइस देखते हैं, इसलिए हम इन द मनी कॉल स्पॉट प्राइस के आधार पर मानें या फ्यूचर प्राइस के आधार पर मानें?

असल में, तराजू विधि में हमेशा आपको स्पॉट प्राइस का प्रयोग करना है। इसलिए, इस पुस्तक में मैंने तराजू विधि के कॉन्सेप्ट को सरल कर दिया है।

निफ्टी/बैंक निफ्टी/फिन निफ्टी—जिसमें भी आप तराजू विधि का प्रयोग कर रहे हैं, आपको उसका स्पॉट प्राइस देखना है तथा स्पॉट प्राइस के सबसे नजदीक में जो भी स्ट्राइक प्राइस हो, उसका चयन करना है।

जैसे चित्र संख्या 4 को ध्यान से देखिए। यह निफ्टी 50 की 20 जून, 2023 की ऑप्शन चेन का स्क्रीन शॉट मैंने सुबह 10.30 ए.एम. पर अपने मोबाइल से लिया था। 19 जून, 2023 को निफ्टी 50 का बंद प्राइस 18,755.45 था और 20 जून, 2023 को निफ्टी 50, 18,752.35 पर खुला था, अर्थात् निफ्टी की फ्लैट ओपनिंग हुई थी। 20 जून, 2023 को 10.30 बजे जिस समय मैंने यह स्क्रीन शॉट लिया, उस समय निफ्टी 18,671 पर ट्रेड कर रहा था, जो आप चित्र संख्या 4 में देख सकते हैं।

-83.80	50	240.50	241.05	700	18,550.00	700	50.40	50.55	3,500	16.95	50.60	10.20	14
-79.15	100	203.60	204.05	1,650	18,600.00	2,150	63.50	63.70	1,250	21.60	63.70	9.98	54,6
-73.15	1,800	169.20	169.75	950	18,650.00	800	79.05	79.40	4,450	27.70	79.45	9.73	20
-67.85	3,050	138.00	138.10	1,300	18,700.00	400	97.75	97.85	100	32.95	97.75	9.51	81,4
-61.15	2,300	110.40	110.75	1,150	18,750.00	750	119.75	120.00	250	39.40	119.70	9.26	28,9
-53.60	350	86.10	86.30	200	18,800.00	750	145.65	146.05	400	47.35	145.75	9.02	57,8
-46.50	950	65.80	66.00	200	18,850.00	750	174.55	175.00	800	54.85	175.00	8.73	7,0

अर्थात् निफ्टी अपने पिछले दिन से 84.45 अंक गिरा हुआ था। उस समय आम ट्रेडर स्वाभाविक रूप से यह समझ लेता कि आज मार्केट में मंदी ही रहने वाली है और वह शॉर्ट साइड (मंदी की तरफ) सौदे बनाने लग सकता था।

अब तराजू विधि से पता लगाने की कोशिश करते हैं कि क्या वास्तव में उस दिन मार्केट गिरने की संभावना ज्यादा थी या मार्केट के बढ़ने की?

तराजू विधि के अनुसार, हमें निफ्टी के स्पॉट प्राइस के सबसे नजदीकी स्ट्राइक प्राइस का चयन करना है। निफ्टी का स्पॉट प्राइस 18,671 है तो 18,650 की स्ट्राइक इससे 21 अंक दूर है और 18,700 की स्ट्राइक इससे 29 अंक दूर है। इसलिए 18,650 का स्ट्राइक प्राइस निफ्टी के स्पॉट प्राइस का सबसे नजदीकी प्राइस हुआ।

अब 18,650 के स्ट्राइक प्राइस में कॉल व पुट के प्रीमियम की तराजू देखिए

18,650 का स्ट्राइक प्राइस

कॉल का प्रीमियम
169.75 के आसपास

पुट का प्रीमियम
79.05 के आसपास

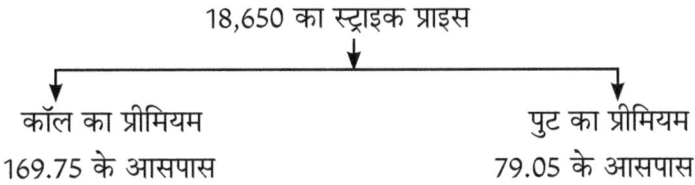

तो तराजू का झुकाव किस तरफ है? कॉल का प्रीमियम ज्यादा होने के कारण स्वाभाविक रूप से तराजू का झुकाव कॉल की तरफ है।

क्या आपको पुट बेचने वाले बेवकूफ हैं, जो मार्केट गिरा हुआ है और मार्केट में गिरावट के संकेत होने के बावजूद आपको कॉल की तुलना में सस्ते में पुट बेच रहे हैं?

यह उसी प्रकार है, जैसे चूहा पकड़ने के लिए पिंजरे में रोटी लगाते हैं या मछली पकड़ने वाले काँटे में चारा लगाते हैं।

यहाँ कोई रिटेल निवेशक होता तो वह सोचता कि चलो, आज मार्केट में मंदी है, इसलिए मार्केट गिरने की संभावना भी है और 18,650 की पुट सस्ती भी है। मैं कॉल खरीदूँगा तो प्रीमियम ज्यादा (169.75) देना पड़ेगा, पर पुट 79.05 में ही मिल जाएगी, फिर वह पुट खरीद लेता।

या शॉर्ट सेलिंग वाला होता तो सोचता कि कॉल में प्रीमियम ज्यादा है तो कॉल शॉर्ट कर देते हैं। परंतु आपको ऐसा बिल्कुल नहीं करना है। तराजू का झुकाव कॉल की तरफ है, तो यह स्पष्ट संकेत है कि आज मार्केट के बढ़ने की संभावना ज्यादा है। क्योंकि बड़े प्लेयर्स कॉल खरीद रहे हैं, इसलिए उसमें प्रीमियम ज्यादा है।

अब, पहले बात करते हैं, नेक्ड कॉल व पुट खरीदने वालों की। यदि आप नेक्ड (बगैर किसी हेजिंग के) कॉल-पुट खरीदने वाले ट्रेडर हैं तो आपको तराजू के अनुसार कॉल खरीदनी चाहिए, भले ही इस पर प्रीमियम ज्यादा हो।

उस दिन मार्केट 18,660 का लो बनाने के पश्चात् 18,816.70 पर बंद हुआ था। आप देख सकते हैं कि आपने यदि 18,650 की कॉल

खरीदी होती तो आपको मार्केट में आई इस तेजी का फायदा मिल सकता था।

अब आप पूछेंगे कि यदि नेक्ड कॉल-पुट तराजू विधि के आधार पर खरीदेंगे तो हमारा स्टॉप लॉस क्या होगा और हमारा टारगेट क्या होगा?

इसका उत्तर यह है कि पहली बात तो मैं कभी भी नेक्ड कॉल-पुट खरीदने को प्रोत्साहित नहीं करता और तराजू विधि इसलिए नहीं है कि आप इससे बगैर हेजिंग के सीधे कॉल-पुट खरीदें।

फिर भी यदि कोई खरीदता है तो इंट्राडे में ही खरीदे और वही एक लॉट के लिए 2,000 का स्टॉप लॉस रखे तथा मार्केट बंद होने के आखिरी आधे घंटे में प्रॉफिट बुक कर लें या जब भी एक लॉट पर 1,100 से ऊपर प्रॉफिट मिले, तब बुक कर लें।

असल में, आपको तराजू विधि का प्रयोग स्ट्रेडल या स्ट्रेंगल बनाने के निर्णय हेतु करना चाहिए।

तराजू विधि में ध्यान रखें कि निफ्टी, बैंक निफ्टी व फिन निफ्टी की स्ट्राइक प्राइसों में जो न्यूनतम अंतर है, कम-से-कम उसके आधे पॉइंट का अंतर कॉल-पुट के प्रीमियम में हो तो ही मानना है कि तराजू असंतुलित है।

जैसे निफ्टी में 50-50 पॉइंट्स के अंतर पर स्ट्राइक प्राइस बनी हुई है तो 50 पॉइंट का आधा, अर्थात् कम-से-कम 25 पॉइंट का अंतर दोनों तरफ के प्रीमियम में होना जरूरी है, तो ही तराजू विधि असंतुलित माननी है। अंतर जितना ज्यादा होगा, तराजू विधि उतनी ही सटीकता से काम करेगी।

बैंक निफ्टी व फिन निफ्टी में दो स्ट्राइक प्राइसों के बीच का अंतर 100-100 पॉइंट है, तो इसमें कॉल-पुट के प्रीमियमों में अंतर 50 पॉइंट से ज्यादा का हो तो ही तराजू विधि असंतुलित माननी है।

तराजू विधि का उपयोग करके आप निम्न प्रकार से ट्रेड ले सकते हैं—

1. इंट्राडे में नेक्ड कॉल या पुट (जिस तरफ प्रीमियम ज्यादा हो वह) खरीद सकते हैं। परंतु मेरी तरफ से नेक्ड कॉल-पुट खरीदना

अनुशंसित नहीं है। इसमें भी आप जब भी खरीदें, 1-1 कॉल-पुट लॉट से ज्यादा न खरीदें और प्रति लॉट 2,000 के अधिकतम नुकसान का स्टॉप लॉस भी रखें; क्योंकि तराजू विधि लगभग 80-90 प्रतिशत सही जाती है, बाकी 10-20 प्रतिशत गलत भी होती है।

2. निफ्टी के लिए अंतर 25 पॉइंट से कम हो और बैंक निफ्टी/फिन निफ्टी में अंतर 50 पॉइंट से कम हो तो यह मार्केट के फ्लैट रहने की निशानी है। उस दिन स्ट्रेडल बनाने में फायदा होने की संभावना अधिकतम होती है।

3. यदि अंतर निफ्टी में 25 पॉइंट से बहुत ज्यादा और बैंक निफ्टी, फिन निफ्टी में 50 पॉइंट से बहुत ज्यादा हो तो उस दिन तराजू स्ट्रेंगल बनाने में फायदा होता है।

तराजू स्ट्रेंगल क्या है?

तराजू स्ट्रेंगल में यदि कॉल में प्रीमियम ज्यादा और पुट में कम हो, जैसा कि ऊपर के उदाहरण में समझाया गया है, तो मार्केट बढ़ने की संभावना है। इसलिए इसमें पुट इन द मनी स्ट्राइक प्राइस की बेच सकते हैं। परंतु कॉल दूर के स्ट्राइक प्राइस की, अर्थात् कम-से-कम तीन स्टेप दूर की आउट ऑफ मनी कॉल बेचकर तराजू स्ट्रेंगल बनाएँ।

यदि इसका उलटा हो, पुट में प्रीमियम ज्यादा और कॉल में प्रीमियम कम हो तो कॉल इन व मनी स्तर की बेचें तथा पुट कम-से-कम तीन स्टेप नीचे की आउट ऑफ मनी पुट बेचें। मेरी विधियों में तराजू विधि भी शामिल है। प्रतिदिन तराजू सुबह 10 बजे से 10.30 बजे पर चेक करें और असंतुलन की दशा में 1-1 लॉट का तराजू स्ट्रेंगल बनाएँ। इसमें स्टॉप लॉस व टारगेट पिछले अध्यायों में बताए अनुसार रखने हैं।

इसके अलावा, तराजू विधि का मुख्य उपयोग कवर्ड कॉल बेचने में किया जाता है, जिसके बारे में आगे के अध्यायों में बताया जाएगा।

◻

13

कवर्ड कॉल बेचकर नियमित मासिक आय कैसे कमाएँ?

कवर्ड कॉल की विधि में ऑप्शन ट्रेडिंग के लिए जो भी आप अच्छी ब्लू चिप कंपनियाँ समझते हैं या निफ्टी टॉप 10 स्टॉक्स की ब्लू चिप कंपनियाँ हैं, उनके उतने शेयर कैश में खरीद लीजिए, जितना कम-से-कम उनका लॉट साइज है। फिर आप प्रतिदिन यह अंदाजा लगाएँ कि आज यह शेयर इससे ज्यादा नहीं बढ़ सकता। जैसे रिलायंस के 250 शेयरों का लॉट है और आपने थोड़े-थोड़े करके रिलायंस के 250 से अधिक शेयर एकत्रित कर लिये हैं तथा रिलायंस का बाजार भाव 2,750 रुपए चल रहा है। आप सोचते हैं कि इंट्राडे में यह शेयर 2,850 से ज्यादा नहीं बढ़ेगा, क्योंकि पिछले 3 माह में कभी भी रिलायंस एक ही दिन में 100 रुपए से ज्यादा नहीं बढ़ा। अत: मार्केट खुलते ही रिलायंस की 2,860 के स्ट्राइक प्राइस का एक लॉट यदि आप बेच देते हैं तो यदि इसमें इतनी तेजी नहीं आती है और मार्केट बंद होते-होते प्रीमियम कम हो जाता है, तो आप कवर करके उस दिन की अपनी आय घर ले जा सकते हैं।

अमेरिका में कवर्ड कॉल बेचने की विधि का बहुत से सेवानिवृत्त लोग नियमित मासिक/साप्ताहिक आय जेनरेट करने के लिए उपयोग कर रहे हैं। आपको यह भी जानकर बहुत आश्चर्य होगा कि भारत में हम लोग इस मामले में कितने वर्ष पीछे चल रहे हैं!

वर्ष 1975 में अमेरिका में एक रिसर्च आलेख प्रकाशित हुआ था। उसमें सर्वप्रथम इस स्ट्रेटेजी का वर्णन किया गया था। फिशर ब्लैक द्वारा लिखित सन् 1975 के इस आलेख 'फैक्ट एंड फैंटेसी इन द यूज ऑफ ऑप्शंस' को पढ़कर आप यह समझ सकते हैं, जो स्ट्रेटेजी सन् 1975 से दुनिया भर के निवेशक/ट्रेडर उपयोग कर रहे हैं, वह कितनी सुरक्षित कामयाब स्ट्रेटेजी हो सकती है। इसी स्ट्रेटेजी को कवर कॉल में मासिक आय कमाने के लिए सर्वप्रथम आपके पास किसी अच्छी ब्लू चिप कंपनी के शेयर उतनी मात्रा में कैश में खरीदे हुए डीमैट में होल्ड होने चाहिए, जितना कि उस शेयर का ऑप्शन में लॉट है।

जैसे कि आप भारत की सबसे ज्यादा मार्केट कैप वाली कंपनी रिलायंस में कवर कॉल करके नियमित आय कमाना चाहते हैं तो रिलायंस का ऑप्शन में लॉट साइज 250 का है, तो आपके पास रिलायंस के कम-से-कम 250 शेयर होल्ड हों, तभी आप कवर कॉल का मजा ले सकेंगे।

अब कवर कॉल भी दो तरह की होती हैं—

1. सेल राइट कवर कॉल,
2. बाय राइट कवर कॉल।

(1) सेल राइट कवर कॉल—इसमें ऑप्शन राइटर अपने पास होल्ड शेयरों के मार्केट प्राइस से नीचे के स्ट्राइक प्राइस पर कॉल ऑप्शन को बेचता है।

मैं आपको उदाहरण से ही समझाता हूँ, ताकि आपको सबकुछ समझ में आ जाए। मान लीजिए, किसी कंपनी एक्स का लॉट साइज 500 शेयरों का है और आपके पास कैश में खरीदे हुए उस कंपनी के 500 शेयर हैं।

माना कि इस कंपनी के एक शेयर का बाजार मूल्य इस समय 1,400 रुपए चल रहा है। ऑप्शन चेन में इस कंपनी के स्ट्राइक प्राइस में 20-20 रुपए का अंतर है, अर्थात् स्ट्राइक प्राइस 1,280-1,300,

1,320-1,340, 1,360-1,380, 1,400-1,420, 1,440-1,460, 1,480-1,500 इस प्रकार से हैं।

अब, ऐसा निवेशक यदि मार्केट प्राइस 1,400 से 100 रुपए कम पर, अर्थात् 1,300 की कॉल को राइट करता है या बेचता है तथा उस समय यदि 1,300 की इन द मनी कॉल का प्रीमियम 180 रुपए चल रहा होता तो उसे 180×500=90,000 का प्रीमियम मिल जाएगा।

इस सेल राइट कॉल में यहाँ 500 शेयर होल्ड की शर्त है। अर्थात् आपने एक बार लॉट साइज के बराबर शेयर खरीदकर होल्ड कर लिये तो प्रत्येक माह इन होल्ड स्टॉक्स के सुरक्षा कवर के साथ कॉल राइट करके आप कमा सकते हैं।

यहाँ पर होल्ड किए गए शेयरों की मार्केट वैल्यू कॉल राइट करते समय 1,400×500=7 लाख रुपए थी। अब यदि एक्सपायरी मार्केट प्राइस 1,280 था तो वास्तव में आपको होल्ड किए गए शेयरों पर 120 प्रति शेयर से 120×500=60 हजार का नुकसान हुआ; पर आपको 1,300 की कॉल बेचने पर 90 हजार प्रीमियम के पहले ही मिल गए थे, जिससे आपको कुल मिलाकर 30,000 का फायदा ही हुआ और यदि आपने होल्ड शेयरों की एवज में कॉल राइट नहीं की होती तो आपको इनका प्राइस गिरने से 60 हजार का नुकसान होता, जो कॉल राइट करने पर न केवल रिकवर हो गया, बल्कि आपको 30,000 का फायदा भी हो गया।

(2) अब सोचिए कि यदि एक्सपायरी के इस शेयर का प्राइस घटकर 1,100 ही रह गया होता तो क्या होता? तो भी आपकी 1,300 की राइट की गई कॉल वर्थलेस एक्सपायर हो जाती और आपको पूरा प्रीमियम 90,000 मिल जाता। पर यही वह बिंदु है, जहाँ पर मेरे जिद्दी फॉलोवर्स बहस करते हैं और मुझसे नाराज होते हैं तथा मेरे इस विषय पर डाले गए यूट्यूब वीडियो पर मुझे गालियाँ देते हैं। आप पूछेंगे—क्यों? 90,000 रुपए मिल गए, फिर गालियाँ क्यों देते हैं? वे गालियाँ इसलिए

देते हैं कि वे कहते हैं, होल्ड किए गए 500 शेयर का मार्केट प्राइस 300 रुपए प्रति शेयर गिर जाने से वास्तव में 1.50 लाख रुपए का नुकसान हुआ, पर प्रीमियम मिला मात्र 90,000 रुपए। इसलिए, वास्तव में उनको 1,50,000–90,000=60,000 का शुद्ध नुकसान हुआ।

ऐसे समझदार फॉलोवर्स बगैर कैश में शेयर होल्ड किए नेक्ड कॉल को राइट करना ज्यादा होशियारी व समझदारी का कदम मानते हैं। जैसा कि मैं अनेक बार कहता हूँ कि ऑप्शन मार्केट की संरचना इस प्रकार से हुई है कि छोटे निवेशक की जेब से पैसा निकलकर बड़े पूँजीधारकों की जेब में आ जाए। असल में, नेक्ड कॉल राइट करने वाले छोटे भोले-भाले निवेशकों के पास पहली बात तो कैश में 500 शेयर खरीदकर होल्ड करने की क्षमता, अर्थात् 7 लाख रुपए की पूँजी ही नहीं होती, इसलिए वे बगैर कैश में खरीदे शेयर होल्ड किए नेक्ड कॉल राइट करते हैं तथा अपने अहं (ईगो) को संतुष्ट करने और अपने आप को सही ठहराने के लिए नेक्ड कॉल राइट करते हैं तथा सौभाग्य से मार्केट गिर जाए तो प्रीमियम मिल जाने की खुशी में अपने आपको समझदार मानते हैं। परंतु जरा सोचिए, यदि 1,300 की कॉल 180 प्रीमियम लेकर नेक्ड राइट की होती और प्राइस बढ़कर 1,700 हो गया होता तो क्या होता ? तो ऐसे नेक्ड कॉल राइट करने वालों को प्रति शेयर 400 का नुकसान होता और 500 के लॉट पर 2 लाख का नुकसान होता तथा उनको मिला प्रीमियम 90,000 कम करने पर वह 1.10 लाख रुपए के शुद्ध नुकसान में होते।

यहाँ यह नुकसान भी चक्रवृद्धि होता है, अर्थात् ऐसा छोटा निवेशक एक महीने यदि 90,000 का प्रीमियम कमा लेता है तो उसको अपनी होशियारी पर पूरा विश्वास हो जाता है, जिससे वह अगले महीने 1 नेक्ड कॉल की जगह 5 नेक्ड कॉल राइट करता है। सौभाग्य से, दूसरे महीने भी 40–50 हजार कमा लेता है, तो वह मदहोश हो जाता है। फिर वह 20 कॉल एक साथ राइट कर बैठता है। बस, अब प्राइस बेतहाशा बढ़ जाते हैं, स्टॉप लॉस फेल हो जाते हैं, मार्केट गेप-अप ही खुलता है और 20

लॉट पर प्रति लॉट 1 लाख का नुकसान होकर 20 लाख साफ हो जाते हैं।

कई बार तो ऐसी हालत में फँसे हुए निवेशक आत्महत्या तक कर लेते हैं। इसलिए, मैं नेक्ड कॉल राइट करने का घोर विरोधी हूँ। यही यदि कवर्ड कॉल राइट करने की बात होती है तो पहली बात तो कवर्ड कॉल आपकी हैसियत दिखाती है, यदि आपके पास 500 शेयर (मिनिमम 1 लॉट साइज) हैं तो आपकी हैसियत कॉल का सिर्फ 1 लॉट राइट करने की होगी और आप 1 से ज्यादा लॉट राइट ही नहीं करेंगे।

यदि कवर्ड कॉल थ्योरी से आप 20 लॉट राइट करना चाहते हैं तो पहले आप के पास 500×20=10,000 शेयर होने आवश्यक थे, जो कि 1.40 करोड़ के होते हैं और आपकी हैसियत यदि 1.40 करोड़ रुपए के शेयर खरीदने की होती, तब आप 20 लॉट कॉल राइट कर देते तथा प्राइस बढ़कर 1,400 से 1,700 हो जाता। आपको यदि प्रति लॉट 1.10 लाख रुपए की दर से 22 लाख रुपए का भुगतान करना पड़ता तो आपके होल्ड किए गए शेयर भी 1,400 से बढ़कर 1,700 का भाव हो जाने से 1.70 करोड़ के हो गए होते और आप 1.70 करोड़ में से मात्र 22 लाख के शेयर बेचकर हँसते-हँसते इस अंतर राशि का भुगतान कर सकते थे।

अब, मूल बिंदु पर वापस आते हैं। अपना मूल टॉपिक यह चल रहा था कि यदि 1,400 के मार्केट प्राइस पर खरीदे गए 500 शेयर होल्ड करके 180 का प्रीमियम लेकर 1,300 की कॉल का 1 लॉट राइट किया होता और मार्केट प्राइस 300 रुपए गिरकर 1,100 रुपए रह गया होता तो हमें 500×300=1,50,000 का होल्डिंग पर नुकसान होता; जबकि प्रीमियम मात्र 90,000 ही मिलता, जिससे 60,000 का नेट नुकसान होता।

इसका उत्तर यह है कि पहली बात तो यदि आपके पास सिर्फ 500 शेयर होल्ड ही होते और आप कॉल राइट करके इस पोजीशन को हेज नहीं करते तो आपको 1.50 लाख का नुकसान होता; जबकि कॉल राइट करने से 90,000 का प्रीमियम मिल जाने से कम-से-कम यह नुकसान

घटकर 60,000 तो रह गया। दूसरा सबसे महत्त्वपूर्ण बिंदु यह है कि जो 90,000 प्रीमियम आपको मिला, वह वास्तविक लाभ अर्थात् रियलाइज्ड प्रॉफिट है; जबकि होल्ड किए गए शेयरों का बाजार मूल्य कम हो जाने से जो नुकसान हुआ है, वह काल्पनिक नुकसान, अर्थात् नोशनल लॉस है और जब तक आप अपने शेयर बेचेंगे नहीं, तब तक यह नुकसान वास्तविक नुकसान नहीं है।

अब आपको अपने होल्ड शेयर 1,100 के भाव पर बेचकर लॉस बुक करने की आवश्यकता नहीं है। आप 90,000 का प्रीमियम जेब में रखकर अगले महीने फिर से 1,000 की कॉल राइट कर दीजिए। अब आप कहेंगे कि यदि अगले महीने 1,000 की कॉल राइट करने के बाद प्राइस बढ़कर 1,500 हो गया, तब तो मर जाएँगे न, अर्थात् 500×500=2.50 लाख चुकाने पड़ेंगे।

तब आपके होल्ड शेयरों का भाव भी बढ़कर 1,500 हो जाएगा, जिससे आपको होल्डिंग पर 50,000 का फायदा होगा। 90,000 पिछले महीने का कमाया प्रीमियम आपके पास है। इस माह भी 1,000 की कॉल राइट करने पर हो सकता है, आपको 1,00,000 प्रीमियम और मिल जाए। इससे आपको 50,000+90,000+1,00,000=2,40,000 तो मिल ही चुके हैं। आपका वास्तविक घाटा मात्र 10,000 का होगा।

यद्यपि इस विधि में नेक्ड कॉल की तुलना में नुकसान कम होता है, फिर भी नुकसान तो होता ही है। इसलिए, यह विधि 100 प्रतिशत सुरक्षित नहीं है और मैं कवर्ड कॉल के इस प्रकार को राइट करने की सलाह अपने फॉलोवर्स को नहीं देता। कवर्ड कॉल का दूसरा विकल्प इससे ज्यादा सुरक्षित है। इसलिए आइए, दूसरे विकल्प की चर्चा करते हैं।

(2) बाय राइट कवर्ड कॉल—इसमें कॉल राइटर अपने पास होल्ड शेयरों के वर्तमान मार्केट प्राइस से ऊपर की कॉल राइट करता है; जैसे—निवेशक के पास किसी कंपनी के 500 शेयर्स होल्ड हैं, जिनका बाजार मूल्य 1,400 पर चल रहा है। तो इस विकल्प में निवेशक 1,400

से ऊपर के स्ट्राइक प्राइस की कॉल राइट करता है। यद्यपि 1,420, 1,440, 1,460, 1,480, 1,500, 1,520, 1,540—सभी 1,400 से ऊपर के स्ट्राइक प्राइस हैं; परंतु कॉल राइटर यह सोचता है कि शेयर एक्स के भाव 1,400 से बढ़कर 1,500 तक जाने की संभावना उस महीने में बहुत ही कम है, इसलिए वह अपने पास होल्ड 500 शेयरों के एवज में 1,500 की एक कॉल 36 रुपए प्रीमियम पर राइट करता है। इससे उसको दो फायदे होते हैं—

1. उसको 36 रुपए प्रति शेयर के हिसाब से 500×36=18,000 का प्रीमियम मिल जाता है। अब यदि उस शेयर का भाव एक्सपायरी तक 1,400–1,500 के बीच में ही रहता है तो कॉल का खरीदार शेयर 1,500 के भाव पर खरीदने के अपने अधिकार का प्रयोग नहीं करेगा तथा बिना कोई शेयर खरीदे या बेचे कॉल राइटर को यह 18,000 प्रीमियम मिल जाएगा।

2. यदि उस शेयर का भाव एक्सपायरी तक 1,500 या 1,520 तक हो जाता है और कॉल खरीदने वाला अपने अधिकार का प्रयोग करता है तो कॉल राइटर अपने पास होल्ड शेयर, जो उसने 1,400 के प्राइस पर लिये थे (या इससे भी कम प्राइस पर खरीदे हुए पहले से होल्ड थे), को 1,500–1,520 के भाव पर कॉल खरीदने वाले को दे देगा। इससे उसे प्रति शेयर 100–120 का मुनाफा होगा, अर्थात् 500×100=50,000 या 120×500=60,000 के मुनाफे के अलावा उसे 18,000 प्रीमियम भी मिल जाएगा।

यद्यपि भारत में अब शेयरों में ऑप्शन के सौदे फिजिकल डिलिवरी से सेटल होने लगे हैं, फिर भी, आप यदि एक्सपायरी के कुछ समय पहले तक अपना कॉण्ट्रेक्ट बेच लेते हैं तो आप कैश में अंतर राशि का लाभ ले सकते हैं। इसलिए 1,500 की कॉल बेचने पर 1,500 के प्राइस पर कॉल राइटर को कुछ भी नहीं देना पड़ता। 1,520 के प्राइस पर

20×500=10,000 की अंतर राशि देनी पड़ेगी; जबकि प्रीमियम 18,000 मिला था। इसलिए 8,000 प्रीमियम में बच जाएँगे और आपको कोई शेयर खरीदना या बेचना नहीं पड़ेगा।

अब वह बिंदु बताता हूँ, जिस पर मेरा विरोध होता है। फॉलोवर्स यूट्यूब पर लिखते हैं—'यह विधि बहुत खतरनाक है। यदि उस शेयर का भाव 1,600 हो गया और हमने 1,500 की कॉल बेची तो 1,600-1,500=100 रुपए प्रति शेयर के हिसाब से 500 के लॉट पर 50,000 का घाटा हो जाएगा। इसलिए मेरे फॉलोवर्स लिखते हैं कि यह बहुत बकवास विधि है। अत: आप हमें फालतू में गुमराह न करें।'

अरे, मेरे प्यारो, आपके पास 1,400 के भाव पर खरीदे हुए 500 शेयर्स हैं। उनके एवज में 1,500 की कवर्ड कॉल राइट करने पर आपका 100 रुपए का प्रॉफिट सुरक्षित हो गया। 1,500 से 1,600 के बीच का जो 100 रुपए प्रॉफिट मिला, वह ही आपने कॉल खरीदने वाले को दिया।

जैसे—वास्तव में 1,600 का भाव हो जाता है तो आप अपने 1,400 के भाव के 500 शेयर 1,600 के भाव पर बेचकर 200 रुपए प्रति शेयर से 500 शेयर्स पर 1,00,000 प्रॉफिट बुक करेंगे और 18,000 आपको प्रीमियम मिला। इस 1,18,000 में से ही 1,500-1,600 के बीच के अंतर के 50,000 चुका लेंगे। आपका शुद्ध लाभ अब भी 1,18,000-50,000=68,000 शेष है। मेरे ऐसा जवाब देने पर वे कहते हैं—पर उसके बाद हमारे होल्ड शेयर्स तो बिक गए, इसलिए आपकी यह बात तो बकवास है कि हर महीने इससे आय हो सकती है। जब हमने 500 शेयर्स बेच ही दिए तो अगले महीने क्या करेंगे?

इसका जवाब अब मैं क्या दूँ! लोग 68,000 सुरक्षित प्रॉफिट लेकर भी गालियाँ देते हैं, क्योंकि उनके शेयर बिक गए और 1,18,000 प्रॉफिट में से 50,000 का प्रॉफिट कॉल खरीदने वाले को चुकाना पड़ गया। इसका दुःख उन्हें 68,000 की शेष कमाई की खुशी से ज्यादा होता है।

फिर, यह भी दु:ख है कि अब अगले महीने कैसे कवर्ड कॉल राइट होगी ?

इसके मैंने दो इलाज अपनी वर्षों की रिसर्च से तलाश करके रखे हैं। एक इलाज तो पैसों का पेड़ लगाना है, जो आपने मेरी पिछली पुस्तक 'ऑप्शन ट्रेडिंग से पैसों का पेड़ कैसे लगाएँ' में पढ़ लिया है। दूसरा इलाज शेयर जीनियस कवर्ड कॉल को बेचना है, जिसका उल्लेख अगले अध्याय में किया जाएगा।

☐

14

पूअर मैन कवर्ड कॉल की जगह शेयर जीनियस कवर्ड कॉल बेचें

पिछले अध्याय में मैंने जिस कवर्ड कॉल के बारे में बताया, उसके लिए पूँजी की आवश्यकता 7-8 लाख रुपए है, जो आम रिटेल निवेशक के पास नहीं होती।

इसलिए, कतिपय निवेशकों ने कवर्ड कॉल जैसी ही एक कम पूँजी की आवश्यकता वाली पूअर मैन कवर्ड कॉल स्ट्रेटेजी विकसित कर ली।

पूअर मैन कवर्ड कॉल को 'सिंथेटिक कवर्ड कॉल' भी कहते हैं।

पूअर मैन कवर्ड कॉल बेचने के दो चरण हैं—

1. लंबी एक्सपायरी अवधि वाली एक इन द मनी कॉल खरीदें।

2. नजदीक एक्सपायरी वाली एक आउट ऑफ मनी कॉल बेच दें।

इस विधि का प्रयोग विदेशों में ज्यादा लोकप्रिय है, जहाँ स्टॉक ऑप्शन 6 माह, 9 माह, 12 माह तक की एक्सपायरी वाले भी उपलब्ध होते हैं। इसलिए यदि कोई व्यक्ति किसी ब्लू चिप जैसे रिलायंस (भारत के संदर्भ में) के 250 शेयर (एक लॉट के बराबर) कैश में कवर्ड कॉल के लिए खरीदना चाहे तो उसको बाजार भाव 2,750 के ऊपर 250 शेयरों के लिए 6,87,500 की पूँजी की आवश्यकता होगी। इसलिए, कवर्ड कॉल बेचने की जगह यदि वह पूअर मैन कवर्ड कॉल का लाभ उठाना चाहे तो वह ऐसे ब्लू चिप शेयर की साल भर बाद की एक्सपायरी वाली

इन द मनी कॉल खरीद लेता है, जो तुलनात्मक रूप से सस्ती पड़ती है और ऐसी कॉल पर प्रीमियम 400 रुपए भी हो तो उसको कुल राशि 400×250=1 लाख का भुगतान करके ही पोजीशन मिल जाती है, जो यदि वह कैश मार्केट में 250 शेयर खरीदता तो 6,87,500 का भुगतान करने पर मिलती।

कुछ लोग फ्यूचर में 1/3 मार्जिन देकर भी लॉन्ग पोजीशन बना लेते हैं। इसे भी सिंथेटिक कवर्ड कॉल या पूअर मैन कवर्ड कॉल ही कहते हैं।

उनके बाद इस प्रकार बनाई गई लंबी एक्सपायरी की फ्यूचर पोजीशन या लंबी एक्सपायरी की इन द मनी कॉल खरीदकर वे नजदीक एक्सपायरी वाली आउट ऑफ मनी कॉल बेचकर प्रीमियम कमाते रहते हैं।

परंतु, यह स्ट्रेटेजी दिखने में जितनी आसान दिखाई देती है, उतनी है नहीं। असल में, भारत में पहली बात तो स्टॉक ऑप्शन में 3 महीने से ज्यादा लंबी दूरी के ऑप्शन उपलब्ध ही नहीं हैं।

फिर यदि लंबी दूरी के ऑप्शन स्टॉक की जगह निफ्टी आदि में मिल भी जाते हैं, तो भी ज्यादातर ब्लू चिप में लंबी अवधि की कॉल में ज्यादा लिक्विडिटी नहीं है, अर्थात् कॉल बेचने वाले कम मिलते हैं।

यदि सौभाग्य से लंबी दूरी के ऑप्शन में इन द मनी कॉल खरीदने को मिल भी जाए तो उसका प्रीमियम इतना ज्यादा होता है कि आप उतना प्रीमियम नजदीकी एक्सपायरी में कॉल बेच-बेचकर नहीं कमा सकेंगे।

इसलिए कुल मिलाकर, भारत के संदर्भ में पूअर मैन कवर्ड कॉल अच्छी रणनीति नहीं है। मैंने ज्यादातर इसमें घाटा होते हुए ही देखा है। मैं अकसर मजाक में कहा करता हूँ कि पूअर मैन कवर्ड कॉल बेचने पर आप पूअर ही रहते हैं। हालाँकि, पूअर मैन कवर्ड कॉल का वास्तविक अर्थ है गरीब आदमी की कवर्ड कॉल, क्योंकि गरीब आदमी इसमें कम प्रीमियम में कवर्ड कॉल जैसा लाभ ले सकता है। परंतु एक निर्मम हृदय वाले डॉक्टर साहब (जिनका मैं नाम नहीं लूँगा) को मैंने अपने एक गरीब

मरीज से ज्यादा बिल के नाम पर बहस करते देखा था कि यह अस्पताल गरीबों के लिए नहीं है। यदि आप गरीब थे तो सरकारी अस्पताल में जाते। मुझे उन डॉक्टर साहब का यह निर्मम डायलॉग इसलिए याद आ गया है कि ऑप्शन मार्केट भी गरीबों के लिए नहीं है। यदि आप गरीब हैं तो आप ई.टी.एफ. आदि अपेक्षाकृत सुरक्षित निवेश माध्यमों में एस.आई. पी. करें। ऑप्शन मार्केट की बनावट ही इस प्रकार की है कि यहाँ कम मार्जिन रखने वालों की जेब से पैसा निकलकर ज्यादा मार्जिन वालों के पास आ जाता है। अत: कुल मिलाकर, चूँकि ऑप्शन मार्केट गरीबों के लिए नहीं बना है, इसलिए आप गरीबों की कवर्ड कॉल का प्रयोग न ही करें, ऐसी मेरी आपको सलाह है।

अत: मैं आपको पूअर मैन कवर्ड कॉल की जगह शेयर जीनियस कवर्ड कॉल का प्रयोग इंट्राडे में करने की सलाह दूँगा।

इसमें आपको निफ्टी में यदि शेयर जीनियस कवर्ड कॉल करनी हो तो निफ्टी ई.टी.एफ. के कवर्ड कॉल के लिए आवश्यक शेयरों का 1.20 गुणा इंट्राडे में खरीद लीजिए।

जैसे मैं आपको निफ्टी बीज का उदाहरण देकर समझाता हूँ।

आप नीचे दिए गए चित्र संख्या 5 को देखिए—

-83.80	50	240.50	241.05	700	18,550.00	700	50.40	50.55	3,500	16.95	50.60	10.20	1
-79.15	100	203.60	204.05	1,650	18,600.00	2,150	63.50	63.70	1,250	21.60	63.70	9.98	54
-73.15	1,800	169.20	169.75	950	18,650.00	800	79.05	79.40	4,450	27.70	79.45	9.73	2
-67.85	3,050	138.00	138.10	1,300	18,700.00	400	97.75	97.85	100	32.95	97.75	9.51	81,
-61.15	2,300	110.40	110.75	1,150	18,750.00	750	119.75	120.00	250	39.40	119.70	9.26	28,
-53.60	350	86.10	86.30	200	18,800.00	750	145.65	146.05	400	47.35	145.75	9.02	57,
-46.50	950	65.80	66.00	200	18,850.00	750	174.55	175.00	800	54.85	175.00	8.73	7,0

यह दिनांक 20 जून, 2023 को प्रात: 10.30 बजे मेरे मोबाइल से लिया गया निफ्टी 50 की मंथली एक्सपायरी का ऑप्शन चेन का चित्र है।

इसमें स्पॉट प्राइस 18,671 चल रहा था। यद्यपि ऑप्शन चेन में इन द मनी कॉल-पुट का निर्धारण स्पॉट प्राइस के आधार पर न किया जाकर फ्यूचर प्राइस के आधार पर किया जाता है।

परंतु, जैसा कि मैं पहले बता चुका हूँ कि अपनी विधियों में हम

स्पॉट प्राइस के आधार पर इन द मनी कॉल–पुट का निर्धारण करते हैं। इसलिए मेरी विधियों में जहाँ भी कहीं इन द मनी कॉल–पुट का उल्लेख आए, आप समझ लेना कि यह स्पॉट प्राइस के आधार पर ही है।

तो स्पॉट प्राइस 18,671 के आधार पर 18,650 की कॉल इन द मनी कॉल हुई। इस कॉल का प्रीमियम 20 जून, 2023 को 10.30 बजे के आसपास चित्र संख्या 5 के अनुसार 169.20 पर चल रहा था।

अर्थात् यदि आप 18,650 की कॉल यहाँ इंट्राडे में बेचते तो आपको 18,650 की कॉल पर 169.20×50=8,460 रुपए प्रीमियम प्राप्त होता।

अब निम्न चित्र संख्या 6 को देखिए, जिसे 20 जून, 2023 को ही दोपहर 3.18 बजे मैंने अपने मोबाइल से लिया था।

.04	257.90	15.20	250	257.50	258.35	750	18,650.00	2,200	40.95	41.20	3,000	-10.75	41.00
.54	217.55	11.60	50	217.85	218.00	300	18,700.00	2,100	50.95	51.05	450	-13.80	51.00
.22	179.05	7.35	300	178.80	179.30	1,000	18,750.00	1,050	64.15	64.40	600	-16.05	64.25
97	147.00	7.05	50	147.15	147.20	100	18,800.00	150	80.55	80.75	1,900	-17.65	80.75
57	116.40	4.10	500	116.70	116.95	700	18,850.00	1,050	98.50	98.75	850	-21.15	99.00
33	89.85	2.60	250	89.85	90.15	400	18,900.00	50	123.30	123.50	250	-21.05	123.65
09	66.60	0.35	50	66.90	67.05	150	18,950.00	150	149.55	150.05	50	-23.00	149.80

यदि 18,650 की कॉल उस समय (10.30 बजे) बेचते समय मार्केट 18,671 पर था तो मार्केट 3.18 बजे बढ़कर 18,825.10 पर आ चुका था और अब आपको उक्त चित्र संख्या 6 के अनुसार अपनी शॉर्ट की हुई 18,650 की कॉल को 258.35 रुपए प्रीमियम देकर खरीदना पड़ता, अर्थात् इस ट्रेड में आपको 258.35–169.20=89.15 रुपए का प्रति निफ्टी शेयर घाटा हुआ होता, जो 50 की लॉट साइज पर कुल घाटा 89.15×50=4,457.50 रुपए का होता।

ज्यादातर नेक्ड कॉल बेचने वालों को इसी प्रकार का अच्छा–खासा घाटा हुआ करता है। हालाँकि, घाटा कभी अच्छा नहीं होता, परंतु नेक्ड कॉल बेचने वालों के लिए अच्छा ही है; क्योंकि ईश्वर बहुत दयालु है। वह दयालु ईश्वर नेक्ड कॉल बेचने पर आपको घाटा देकर समझाना

चाहता है कि मेरे बच्चे, नेक्ड कॉल बेचना रिस्की होता है, इसलिए कभी भी नेक्ड कॉल-पुट मत बेचो।

उस दिन 10.30 बजे मार्केट 84.45 अंक गिरा हुआ था और कॉल पर प्रीमियम भी पुट की तुलना में ज्यादा मिल रहा था, इसलिए कोई भी लालची किस्म का निवेशक नेक्ड कॉल बेचने के टेप में फँस सकता था।

अब देखते हैं कि यदि इस 18,650 की कॉल को शेयर जीनियस कवर्ड कॉल के रूप में इंट्राडे में बेचा होता तो क्या होता?

इसमें सर्वप्रथम आपको इस कॉल को कवर्ड करने के लिए निफ्टी बीज ई.टी.एफ. की कुछ यूनिट्स खरीदनी पड़तीं।

आपने देखा होगा कि निफ्टी व बैंक निफ्टी पर आधारित ई.टी. एफ. जब खुलते हैं तो बहुत हाई प्राइस पर देते हैं। ऐसा इसलिए होता है कि कवर्ड कॉल बेचने वाले बहुत से मार्केट प्लेयर मार्केट खुलने पर निफ्टी व बैंक निफ्टी के ई.टी.एफ. अपनी कॉल को कवर्ड करने के लिए खरीदते हैं।

अब चूँकि मार्केट खुलते ही ई.टी.एफ. का प्राइस ज्यादा होता है, इसलिए मैंने शेयर जीनियस कवर्ड कॉल बेचने के लिए मार्केट ओपन होने के लगभग 1 घंटे बाद का समय आपके लिए चुना है।

निफ्टी बीज की 100 यूनिट 1 निफ्टी के लगभग बराबर है। आप पूछ सकते हैं कि निफ्टी जब 18,671 पर ही था तब निफ्टी बीज का मार्केट प्राइस 205.30 था। इस हिसाब से तो 205.30×100=20,530 का निफ्टी का भाव बनता है।

इसका कारण निफ्टी बीज में डिविडेंड आदि कैश कंपोनेंट एवं टेकिंग त्रुटि तथा माँग व आपूर्ति के आधार पर प्रीमियम में अंतर होता है; परंतु आपको लगभग मानकर चलना है कि एक निफ्टी को हेज करने के लिए आपको 100 यूनिट निफ्टी बीज की खरीदनी पड़ेगी।

अब, जैसा कि मैंने आपको बताया कि शेयर जीनियस कवर्ड कॉल के लिए आपको 1.20 गुणा ई.टी.एफ. इंट्राडे के खरीदने हैं तो 1 निफ्टी

के लिए 100 के हिसाब से 50 निफ्टी के लिए 100×50=5,000 ई.टी. एफ. यूनिट्स खरीदनी थीं। परंतु हमें 1.20 गुणा खरीदनी है, इसलिए हम 5,000×1.20=6,000 यूनिट इंट्राडे में खरीदेंगे।

यहाँ हम कवर्ड कॉल भी इंट्राडे में ही बेचना चाहते हैं, इसलिए निफ्टी बीज ई.टी.एफ. भी इंट्राडे में ही खरीदेंगे। यही इस विधि में मार्जिन कम करने का तरीका है कि हम प्रतिदिन इंट्राडे में एक नई कवर्ड कॉल बेचते हैं, इसलिए एक तो प्रतिदिन अलग-अलग स्तरों पर कॉल बेचने का मौका मिलता है और इस कॉल को कवर्ड करने के लिए हमें लॉट साइज के जो 1.20 गुणा ई.टी.एफ. की आवश्यकता होती है, उसको भी इंट्राडे के लिए ही खरीदने पर हमें कम मार्जिन की आवश्यकता होती है।

इंट्राडे में 6,000 निफ्टी बीज ई.टी.एफ. खरीदने पर लगभग 2,46,360 रुपए मार्जिन की आवश्यकता होती, जो आप निम्न चित्र संख्या 7 में देख सकते हैं।

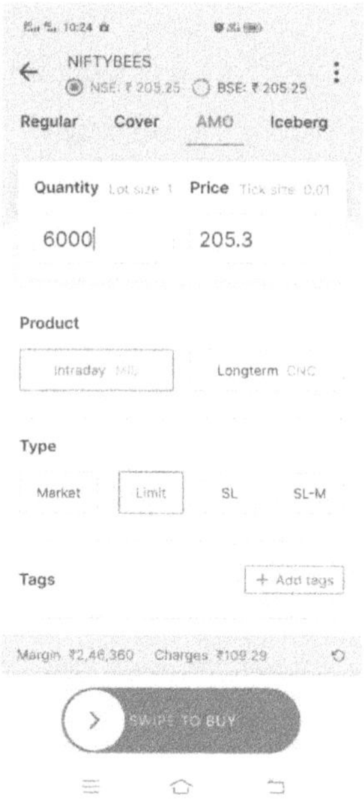

अब निफ्टी की 18,650 की कॉल बेचते तो भी आपको लगभग 1 लाख मार्जिन की जरूरत होती, अर्थात् इंट्राडे में शेयर जीनियस कवर्ड कॉल के सेटअप के लिए आपको लगभग 3.50 लाख मार्जिन की आवश्यकता होती है।

अब, आप यदि 205.30 के हिसाब से 6,000 निफ्टी बीज खरीद लेते तो उस दिन मार्केट बंद होते समय 3.16 पर निफ्टी बीज का प्राइस 206.49 रुपए था, जो आप निम्न चित्र संख्या 8 में देख सकते हैं।

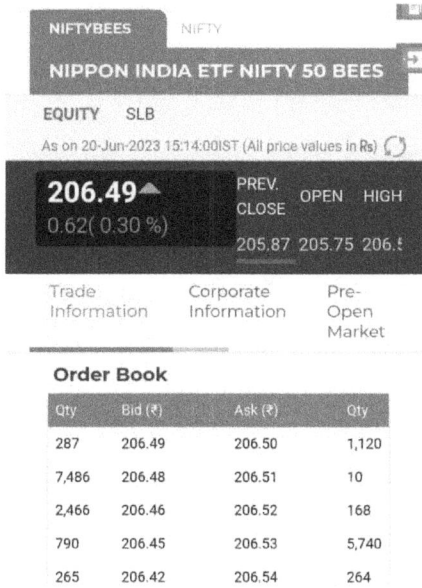

NIFTYBEES   NIFTY

NIPPON INDIA ETF NIFTY 50 BEES

EQUITY   SLB

As on 20-Jun-2023 15:14:00IST (All price values in ₹)

206.49 ▲
0.62(0.30 %)

	PREV. CLOSE	OPEN	HIGH
	205.87	205.75	206.5

Trade Information   Corporate Information   Pre-Open Market

Order Book

Qty	Bid (₹)	Ask (₹)	Qty
287	206.49	206.50	1,120
7,486	206.48	206.51	10
2,466	206.46	206.52	168
790	206.45	206.53	5,740
265	206.42	206.54	264

अब आपको 206.49−205.30=1.19 रुपए प्रति यूनिट के हिसाब से 6,000 यूनिट्स पर 1.19×6,000=7,140 का लाभ होता। इसमें से 18,650 की कॉल बेचने का नुकसान कम करने पर 7,140−4,457.50=2,682.50 का शुद्ध लाभ हुआ होता।

मैंने आपको उदाहरण देने के लिए उस दिन का चयन किया है, जब मार्केट बढ़ा था। इसी प्रकार, यदि मार्केट गिर भी जाता तो आपको

कॉल बेचने पर लाभ होता; परंतु कैश में निफ्टी बीज का भाव कम गिरता, क्योंकि कुछ लोग निवेश के लिए भी ई.टी.एफ. खरीद रहे होते। इसलिए ई.टी.एफ. के मूल्य में गिरावट की तुलना में ज्यादातर अंतर आते देखा गया है। इसलिए मार्केट के गिर जाने पर भी आपको ओवर ऑल लाभ होने की संभावना ही ज्यादा रहती।

रोज इंट्राडे में इस प्रकार की शेयर जीनियस कवर्ड कॉल बेचने पर आपको ज्यादातर दिनों में फायदा होगा, परंतु कभी-कभी नुकसान भी हो सकता है।

इसमें प्रॉफिट व स्टॉप लॉस का फॉर्मूला वही साधारण है कि 1 से ज्यादा कवर्ड कॉल निफ्टी की इंट्राडे में नहीं बेचें। हालाँकि, यदि आपके पास मार्जिन ज्यादा है तो आप 1 निफ्टी तथा 1 बैंक निफ्टी की कवर्ड कॉल बेच सकते हैं। दोनों के बेचने में 1 घंटे का अंतर भी रखें, जैसे—निफ्टी की कवर्ड कॉल 10.30 पर बेचते हैं तो बैंक निफ्टी की 11.30 पर बेचें।

जब भी आपका शेयर जीनियस कवर्ड कॉल का कुल प्रॉफिट-लॉस का सेटअप 2,000 से ऊपर नुकसान में जाने लगे तो आपको इसे स्टॉप लॉस मानकर दोनों पोजीशनों से बाहर निकल जाना है।

यहाँ दोनों पोजीशन कवर्ड कॉल एवं ई.टी.एफ. इंट्राडे में कुल मिलाकर ओवर ऑल 2,000 से ऊपर का नुकसान स्टॉप लॉस होगा तथा दोनों पोजीशनों में कुल मिलाकर 2,000 से ऊपर लाभ टारगेट होगा, नहीं तो मार्केट के अंतिम आधे घंटे में जो भी नफा-नुकसान हो, उसे समेटकर निकल जाना है।

मैं आशा करता हूँ कि आप शेयर जीनियस कवर्ड कॉल की स्ट्रेटेजी समझ गए होंगे।

पूअर मैन कवर्ड कॉल की तुलना में शेयर जीनियस कवर्ड कॉल ज्यादा प्रभावशाली है। आप इस बाबत पेपर ट्रेड करके अनुमान लगा सकते हैं।

15

इस पुस्तक में बताई गई विधियों के बारे में मेरे कुछ पाठकों के अनुभव

अपने जीवन के प्रारंभिक वर्षों में लगभग 3 वर्ष 8 माह तक मैंने एक निजी शिक्षण संस्थान में अध्यापन का कार्य किया था। मैंने हमेशा से अपने जीवन में नैतिकता एवं आदर्श मूल्यों को प्राथमिकता दी है। उस समय चूँकि मैं अपनी आर्थिक स्थिति को सुधारना चाहता था, इसलिए विद्यालय समय के बाद भी अपने घर पर बच्चों को विज्ञान व गणित की ट्यूशन दिया करता था।

परंतु बच्चे मुझसे घर पर ट्यूशन पढ़ने आएँ, इस लालच में मैंने अपने आदर्श, मूल्यों व नैतिकता को नहीं त्यागा। इसलिए मैं जो स्कूल की कक्षा में पढ़ाता था और नोट्स लिखवाता था, हूबहू वही नोट्स तथा वही पढ़ाई मैं ट्यूशन में करवाता था। इसलिए कुछ अमीर बच्चे सलाह भी देते थे कि सर, हम ट्यूशन इसलिए पढ़ने आते हैं कि आप हमें कक्षा में जो पढ़ा रहे हैं, उससे अच्छा व अलग पढ़ाएँ, ताकि जो गरीब सहपाठी आपसे ट्यूशन नहीं पढ़ते, हम उनसे आगे निकल सकें। परंतु आप ट्यूशन में जो पढ़ाते हैं, वही कक्षा में पढ़ाते हैं तो आपसे ट्यूशन करके हमें क्या मिला ?

मैं उन्हें यही जवाब देता कि मेरी अंतरात्मा मुझे अनुमति नहीं देती कि मैं घर पर अच्छा और स्कूल में बुरा पढ़ाऊँ। आप चाहे ट्यूशन करें

या नहीं करें, मैं एक रोटी कम खा सकता हूँ; परंतु अपनी अंतरात्मा से बाहर जाकर कार्य नहीं कर सकता। इसी प्रकार, इस पुस्तक में जो भी विधियाँ बताई गई हैं, उनमें ज्यादातर को मैं यूट्यूब पर अपने चैनल पर फ्री में भी वीडियो डालकर पढ़ा चुका हूँ। आपको यदि इसमें बुरा लगे कि जो भी पुस्तक में बताया, उसी को मैंने पहले से यूट्यूब वीडियो में बता रखा है तो आप मेरी पुस्तक को भले ही कम स्टार रिव्यू दे दें, परंतु इसका फायदा भी है।

यूट्यूब पर फ्री में वीडियो डाल देने के बाद मेरे लाखों फॉलोवर्स ने इन विधियों को आजमाया है और इन पर पेपर ट्रेड लेकर इन्हें आजमाया है तथा अपने अनुभव मेरे साथ शेयर किए हैं। इसलिए, इनमें से मैं कुछ चुनिंदा अनुभवों को इस पुस्तक में आपके साथ भी शेयर कर रहा हूँ, ताकि आपके काम आएँ।

मेरे एक फॉलोवर व मित्र डॉ. परेश कुमार सिंह, जो वाराणसी में कोचिंग सेंटर चलाते हैं, उन्होंने अपने इ-मेल से उल्लू स्ट्रेंगल मैथड में निम्न प्रकार से मोडिफिकेशन करने पर लाभ की संभावना ज्यादा होने का सुझाव दिया है—

1. सी.ई. और पी.ई. को निफ्टी 50 के सी.एम.पी. से कम-से-कम +/- 2 प्रतिशत अधिक पर बेचा जाए। उदाहरण के लिए, यदि सुबह 10 बजे निफ्टी 19,500 पर है तो मैं महीने के अंत में 19,900 सी.ई. और 19,100 पी.ई. बेचूँगा, जिस एक्सपायरी की कॉल-पुट बेचें एवं एक्सपायरी मेरी खरीद से कम-से-कम 14 दिन बाद की होनी चाहिए।

2. उस स्ट्राइक प्राइस का उपयोग करें, जिसका सी.ई. और पी.ई. का डेल्टा मान समान है।

3. मैंने सी.ई. और पी.ई. दोनों को सुबह 10 बजे के बाद, लेकिन 10.15 बजे से पहले बेच दिया, ताकि पहले 45 मिनट में अचानक होने वाले उतार-चढ़ाव से बचा जा सके और फिर

आखिरी 45 मिनट में निफ्टी में होने वाले तेज उतार-चढ़ाव से बचने के लिए दोपहर 2.45 बजे से पहले इन्हें कवर कर लिया।

आप डॉ. परेश कुमार सिंह के सुझावों को पेपर ट्रेड पर चेक करके देख सकते हैं।

मेरे एक अन्य फॉलोवर श्री सुनील शुक्ला ने लिखा है कि—

श्रीमानजी,

मैंने आपके तराजू विधि वाले वीडियो को देखकर दो सप्ताह काम किया, जिसमें हमें 100 प्रतिशत ट्रेड में लाभ मिला। अभी ज्यादा कॉन्फिडेंस न होने की वजह से प्रॉफिट में ज्यादा देर तक रुक नहीं पाते हैं। इसीलिए पिछले 10 दिनों में प्रॉफिट हुआ। लेकिन अगर आपके तरीके से देर तक रुकते तो इससे भी ज्यादा प्रॉफिट होता। डिटेल्स में प्रतिदिन बता रहा हूँ कि कितना प्रॉफिट हुआ। आपकी यह विधि अच्छी तरह से काम करती है। आपका बहुत-बहुत धन्यवाद—

मैंने 5,500 रुपए से शुरू किया था।

पहले दिन 2,500 का प्रॉफिट

दूसरे दिन 1,250 का प्रॉफिट

तीसरे दिन 700 का प्रॉफिट

चौथे दिन 1,500 का प्रॉफिट

पाँचवें दिन 1,800 का प्रॉफिट

छठे दिन 1,000 का प्रॉफिट

सातवें दिन 600 का नुकसान मेरी गलती की वजह से, क्योंकि स्टॉप लॉस का इंतजार नहीं किया।

आठवें दिन 1,400 का प्रॉफिट

नौवें दिन 1,525 का प्रॉफिट

दसवें दिन (आज) 500 का प्रॉफिट हुआ।

इसी प्रकार बटाला, पंजाब से मेरे फॉलोवर श्री तरुण नय्यर ने लिखा कि उन्होंने इंट्राडे में मेरी तराजू विधि का 4-5 दिनों तक बैकटेस्ट किया है और श्री तरुण नय्यर ने 30 जून, 2023 को सुबह 9.40 बजे पर 19,050 की तराजू देखी, जिसमें कॉल पर प्रीमियम 128 के आसपास एवं पुट पर प्रीमियम 67 के आसपास था। इसलिए तराजू असंतुलित होने के कारण आपने 9.44 बजे पर 19,050 की कॉल के दो लॉट खरीद लिये। आपने 25 पॉइंट का टारगेट रखा और 20 पॉइंट का स्टॉप लॉस रखा था; परंतु 22 पॉइंट का मुनाफा होने पर आपने फिर जल्दी ही प्रॉफिट बुक कर लिया और 2,200 रुपए का प्रॉफिट बनाया।

इसी प्रकार 3 जुलाई, 2023 को श्री तरुण नय्यर ने फिर से 2,245 का प्रॉफिट बनाया, जिसके दो स्क्रीन शॉट्स भी आपने मुझे भिजवाए हैं। आप दोनों स्क्रीन शॉट्स निम्न चित्र संख्या 9 एवं चित्र संख्या 10 में देख सकते हैं—

Orders

| Open | Executed **3** | GTT | IPO | Au |

🔍 ⇅ ○ Tradebook

SELL 100/100 🕐 09:54:50 COMPLETE
NIFTY 06ᵗʰ Ⓦ JUL 19250 CE Avg. 140.00
NFO NRML LIMIT

BUY 100/100 🕐 09:45:35 COMPLETE
NIFTY 06ᵗʰ Ⓦ JUL 19250 CE Avg. 117.55
NFO NRML MARKET

NIFTY 06th Ⓦ JUL 19250 CE

NFO 144.30 +93.95 (+186.59%)   NRML

Position details

Avg. price	0.00
Net qty.	0
Carry forward qty.	0
Day's P&L	2,245.00
P&L	2,245.00

Buys

Buy Qty.	Buy price	Buy value
100	117.55	11,755.00

Sells

Sell Qty.	Sell price	Sell value
100	140.00	14,000.00

मेरे एक अन्य फॉलोवर मुस्तफा बोहरा ने लिखा कि मैं आपके चैनल के माध्यम से जुड़ा हुआ हूँ। आपने यह तराजू विधि 10 दिन पहले शेयर की और लगभग 6 दिनों से हम इसको पेपर ट्रेड कर रहे हैं।

काफी सटीक परिणाम आए हैं।

इसमें थोड़ा संदेह तब आता है, जब कॉल व पुट दोनों ओर में लगभग एक जैसा अंतर हो। तब थोड़ा अंदाजा लगाना मुश्किल होता है।

हमने इसके साथ दो चीजें और देखी हैं।

एक ऑप्शन चेन का पी.सी.आर. और चार्ट पर बनी हुई 3 कैंडल उससे ज्यादा सटीक हो पा रहा है।

इस प्रकार, उक्त फॉलोवर्स के अनुभवों से आप भी लाभ उठा सकते हैं कि कैसे इन विधियों को प्रैक्टिकल में इस्तेमाल करना है और कैसे इन विधियों में टारगेट एवं स्टॉप लॉस के पॉइंट्स सेट कर सकते हैं।

□

16

कमोडिटी में ऑप्शन ट्रेडिंग के लिए सोने-चाँदी की कवर्ड कॉल कैसे बेचें

ऑप्शन ट्रेडिंग के लिए यह आवश्यक नहीं है कि आप शेयर बाजार में ही ऑप्शन ट्रेडिंग करें। आप कमोडिटी जैसे सोने-चाँदी में भी ऑप्शन ट्रेडिंग कर सकते हैं। कमोडिटी सोने-चाँदी में ऑप्शन ट्रेडिंग करने के लिए आपको एम.सी.एक्स. में अलग से खाता खोलने की जरूरत भी नहीं है। आप अपने वर्तमान डीमेट अकाउंट के साथ एम.सी. एक्स. पर भी सोने-चाँदी में ऑप्शन ट्रेडिंग कर सकते हैं।

ज्यादातर ब्रोकर इस प्रकार की सुविधा उपलब्ध करवाते हैं, जिसमें आप एन.एस.ई. व बी.एस.ई. पर शेयर ट्रेडिंग की भाँति एम.सी. एक्स. पर कमोडिटी में भी ट्रेड कर सकते हैं; जैसे—मान लीजिए, आपका खाता जीरोधा ब्रोकर के साथ है। यदि आपने खाता खुलवाने के समय कमोडिटी विकल्प का चयन नहीं किया है तो आपको जीरोधा के कोनसोल विकल्प में जाकर कमोडिटी का ऑप्शन सक्रिय करना पड़ेगा। उसके बाद आप वॉच लिस्ट में जैसे नॉर्मल कॉल-पुट सर्च करते हैं, वैसे ही कमोडिटी की कॉल-पुट सर्च कर सकते हैं। जैसे चाँदी की कॉल सर्च करने के लिए आपको वॉच लिस्ट में सिल्वर सी.ई. 72,000—इस प्रकार से लिखना होगा तो आपको ड्रॉप डाउन मेन्यू में चाँदी के वायदा बाजार में जिस स्ट्राइक प्राइस की कॉल उपलब्ध है,

वह दिखाई देने लगेगी। आप उनमें से चयन करके, वॉच लिस्ट में ऐड करके बाद में इस पुस्तक में बताए गए सिद्धांतों के अनुसार सोने-चाँदी में भी ऑप्शन ट्रेडिंग कर सकते हैं।

जैसे आप एन.एस.सी. की वेबसाइट पर निफ्टी व बैंक निफ्टी आदि की ऑप्शन चेन देखते हैं, वैसे ही आप एम.सी.एक्स. की वेबसाइट पर जाकर सोने-चाँदी आदि की ऑप्शन चेन भी देख सकते हैं। सोने-चाँदी आदि कमोडिटी में अभी वॉल्यूम बहुत कम होते हैं। परंतु जैसा कि आप मेरी पुस्तक में पढ़ चुके हैं, मेरे सिद्धांतों के अनुसार तो आपको एक लॉट ही खरीदना या एक लॉट ही बेचना होता है, इसलिए कम-से-कम इतना वॉल्यूम तो आपको एम.सी.एक्स. में मिल ही जाता है।

चूँकि सोने-चाँदी में उतार-चढ़ाव बहुत कम होता है और इसमें वास्तविक डिलीवरी भी मिलती है, इसलिए ज्यादातर सोने-चाँदी का कारोबार करने वाले बड़े ज्वेलर्स एम.सी.एक्स. पर सोने-चाँदी में पोजीशन लेते हैं।

जहाँ शेयर बाजार में आपका वास्ता ऑप्शन ट्रेडिंग के नए व अनाड़ी निवेशकों से भी पड़ता है, जो अनावश्यक वॉल्यूम बढ़ा देते हैं और जैसे डूबता हुआ व्यक्ति अपने बचाने वाले को भी पकड़कर साथ में ले डूबता है, उसी प्रकार शेयर बाजार की ऑप्शन ट्रेडिंग में अनाड़ी निवेशकों द्वारा किए गए अंधाधुंध ट्रेड से कई बार आपको भी भ्रमित होकर नुकसान उठाना पड़ सकता है। परंतु मैंने देखा है, एम.सी.एक्स. पर सोने-चाँदी की ट्रेडिंग में सिर्फ अनुभवी लोग ही ट्रेड करते हैं। इसलिए उसमें आप छोटे फायदे और छोटे नुकसान के साथ आसानी से ट्रेडिंग कर सकते हैं। यदि आपको सोने-चाँदी में ऑप्शन ट्रेडिंग का अनुभव नहीं है तो आपको एक बार पहले कुछ दिनों तक पेपर ट्रेडिंग करके देखनी चाहिए, उसके बाद ही रीयल ट्रेडिंग में उतरना चाहिए।

अब मैं आपको सोने-चाँदी में शेयर जीनियस कवर्ड कॉल का प्रयोग आप कैसे कर सकते हैं, उसके बारे में बताऊँगा; क्योंकि मेरे

अनुसार सोने-चाँदी में कवर्ड कॉल का प्रयोग करना सबसे सुरक्षित रणनीति है।

पिछले अध्याय में जैसा कि आपको निफ्टी के ई.टी.एफ. के 1.20 गुणा यूनिट खरीदकर कवर्ड कॉल का प्रयोग करना सिखाया गया था, उसी प्रकार सोने-चाँदी के ई.टी.एफ. भी उपलब्ध हैं। आप उनमें लॉट साइज का 1.20 गुणा खरीदकर कवर्ड कॉल का प्रयोग कर सकते हैं। ऑप्शन में मिनी गोल्ड की लॉट साइज वर्तमान में 100 ग्राम है और चाँदी के मिनी फ्यूचर की लॉट साइज वर्तमान में 5 कि.ग्रा. है। एक्सचेंज लॉट साइज में परिवर्तन करता रहता है, इसलिए आपको कवर्ड कॉल के लिए सोने-चाँदी के ई.टी.एफ. की यूनिट एकत्रित करते समय वर्तमान में चल रही लॉट साइज को ध्यान में रखना चाहिए।

सोने-चाँदी की ऑप्शन ट्रेडिंग में कवर्ड कॉल बेचकर मुनाफा कमाना और भी सुरक्षित व आसान होता है। सोने-चाँदी की ऑप्शन ट्रेडिंग में 3-3 महीने के अंतर से एक्सपायरी होती है तथा इसमें लगभग 9 माह या आगामी 3 माह तक के सौदे भी उपलब्ध होते हैं।

सोने-चाँदी की ऑप्शन ट्रेडिंग में वॉल्यूम कम होने के कारण आप इनमें इंट्राडे नहीं कर सकते। इसलिए यदि आप सोने-चाँदी में कवर्ड कॉल करना चाहते हैं तो आपको पूरे महीने के लिए कवर्ड कॉल का प्रयोग करना चाहिए। इसलिए, मेरा आपको सुझाव है कि आप मेरी पुस्तक 'ऑप्शन ट्रेडिंग से पैसों का पेड़ कैसे लगाएँ' में बताए अनुसार ही सोने-चाँदी के ई.टी.एफ. को भी पैसों के पेड़ की विधि से ही खरीदें, जिससे एक साथ खरीदने की जगह जब आप धीरे-धीरे पैसों के पेड़ की विधि से मुनाफा कमाते-कमाते यूनिट एकत्रित करेंगे तो आपकी यूनिटों का औसत मूल्य भी कम रहेगा।

इसलिए, सोने-चाँदी में कवर्ड कॉल का प्रयोग पैसों के पेड़ वाली विधि से ही करिए, तभी आपको सोने-चाँदी में ऑप्शन ट्रेडिंग का पूरा लाभ मिल सकता है।

जैसे सोने-चाँदी में ऑप्शन ट्रेडिंग होती है, वैसे ही करेंसी मार्केट में भी ऑप्शन ट्रेडिंग होती है। इस अध्याय से आपको यह समझ में आ गया होगा कि सोने-चाँदी की ऑप्शन ट्रेडिंग में मैं सिर्फ पैसों के पेड़ वाली विधि से कवर्ड कॉल बेचने का ही सुझाव देता हूँ। अगले अध्याय में आपको करेंसी मार्केट में करेंसी में ऑप्शन ट्रेडिंग के बारे में जानकारी दी जाएगी।

□

17

फॉरेक्स मार्केट में ऑप्शन ट्रेडिंग से नियमित आय कमाना

करेंसी ट्रेडिंग को फॉरेक्स कारोबार भी कहा जाता है। फॉरेक्स कारोबार का तात्पर्य मूल रूप से करेंसी की खरीद व बिक्री है। फॉरेक्स कारोबार दुनिया के सबसे बड़े वित्तीय बाजारों में से एक है। फॉरेक्स में रोजाना 5 ट्रिलियन से अधिक का कारोबार होता है। फॉरेक्स कारोबार पूरी दुनिया में होता है, इसलिए 24 घंटे दुनिया के किसी-न-किसी देश में फॉरेक्स कारोबार होता है।

असल में, मेरा मानना है कि शेयरों में ऑप्शन ट्रेडिंग की तुलना में सोने-चाँदी व करेंसी में ऑप्शन ट्रेडिंग कहीं ज्यादा सुरक्षित है; क्योंकि पहली बात तो यह है कि यह पूरी दुनिया में यूनिवर्सल है तथा इनके प्राइस एक-दूसरे से अच्छी तरह से लिंक हैं, जैसे—सोने-चाँदी में आपने देखा होगा कि उतार-चढ़ाव एक साथ ही आता है। इसी प्रकार प्रत्येक देश की करेंसी भी दूसरे देश की करेंसी से लिंक है तथा फॉरेक्स पर सोने-चाँदी के उतार-चढ़ाव का भी प्रभाव पड़ता है, क्योंकि प्रत्येक देश के पास सोने-चाँदी के रिजर्व होते हैं और उसी के आधार पर उस देश की करेंसी का अंतरराष्ट्रीय वैल्यूएशन चलता है।

भारत में करेंसी कारोबार आर.बी.आई. और सेबी (SEBI) द्वारा विनियमित किया जाता है, क्योंकि करेंसी का ट्रेड देश की अर्थव्यवस्था

को प्रभावित करता है। यदि रुपए की कीमत में एक सीमा से ज्यादा गिरावट होने लगती है तो आर.बी.आई. हस्तक्षेप करता है और डॉलर बेचने लगता है, जिससे रुपए की कीमत में गिरावट रुक जाती है। अत: करेंसी कारोबार में ज्यादा उतार-चढ़ाव नहीं होने से इसमें बहुत तेजी से लाभ-हानि होने की संभावना कम होती है।

इसमें तेज हानि नहीं होने के कारण जो ट्रेडर्स फ्यूचर एंड ऑप्शन में ज्यादा जोखिम नहीं लेना चाहते, उनके लिए करेंसी कारोबार एक बेहतर विकल्प है। करेंसी बाजार में इन्वेस्टर्स और ट्रेडर्स के अलावा कई बड़ी-बड़ी कंपनियाँ, विभिन्न देशों के सेंट्रल बैंक, एक देश से दूसरे देश की यात्रा करने वाले यात्री आदि सौदे करते हैं।

भारत में करेंसी ट्रेडिंग अभी कुछ वर्षों पहले ही प्रारंभ हुई है। इससे पहले अगर आप भारत से डॉलर, पाउंड जैसे इंटरनेशनल करेंसी पेयर में ट्रेड करना चाहते तो आपको विदेश में किसी ब्रोकर फर्म के यहाँ अपना ट्रेडिंग अकाउंट खोलना पड़ता।

आमतौर पर, ऐसे ब्रोकर आपको विदेशों में इजिप्ट या ग्रीस जैसी जगहों पर मिलते थे। खाता खोलने के बाद फिर आपको अपने पैसे डॉलर में कन्वर्ट करके उस विदेशी ब्रोकर के अकाउंट में वायर ट्रांसफर करने होते और उसके बाद ब्रोकर द्वारा दिए गए मार्गदर्शन के आधार पर ही आप ट्रेड कर पाते। परंतु, अभी एन.एस.ई. ने करेंसी ट्रेडिंग का पूरा सेटअप तैयार कर दिया है और आप भारत के अपने डीमैट खाते से आसानी से करेंसी में ऑप्शन व फ्यूचर ट्रेड कर सकते हैं।

करेंसी बाजार में कंपनियाँ अपनी पोजीशन को हेज करने के लिए भी सौदे करती हैं। भारत में करेंसी ट्रेडिंग एन.एस.ई. के माध्यम से होती है। करेंसी ट्रेडिंग जोड़ों (पेयर्स) में होती है; जैसे—डॉलर-आई.एन.आर., डॉलर-यूरो, यूरो-पाउंड, येन-आई.एन.आर. आदि। भारत में आप निम्न करेंसी जोड़ों में फॉरेक्स ट्रेड कर सकते हैं—

1. USD–INR
2. EURO–INR
3. GBP–INR
4. JYP–INR
5. GBP–USD
6. EUR–USD
7. USD–JPY

अब, आप यदि USD/INR के जोड़े में ट्रेड करते हैं तो USD को 'बेस करेंसी' कहा जाएगा और INR को 'कोटेशन करेंसी' कहा जाएगा। आप USD/INR का फ्यूचर में लॉट खरीद सकते हैं। इसमें लॉट साइज 1,000 डॉलर का होता है। दुनिया भर में करेंसी के मूल्य को दशमलव के चौथे बिंदु तक लिखा जाता है। इसे (PIP) या 'परसेंटेज इन पॉइंट्स' कहते हैं। USD/INR के लिए पिप का आधार 0.0025 है, अर्थात् प्राइस में न्यूनतम अंतर 0.0025 में होगा और प्राइस इसके गुणांक में बदलेंगे। वर्तमान में, प्रत्येक शुक्रवार को करेंसी फ्यूचर की एक्सपायरी होती है और इसमें साप्ताहिक एक्सपायरी वाले सौदे उपलब्ध हैं। परंतु आप एक साल तक की मियाद वाले सौदे भी कर सकते हैं; जैसे—मई 2022 में USD/INR फ्यूचर में 27 मई, 2022 की एक्सपायरी वाला लॉट 77.5725 पर ट्रेड हो रहा था, अत: उसी समय 26 अप्रैल, 2023 की एक्सपायरी वाला लॉट भी 80.0775 पर ट्रेड हो रहा था और इसमें 15,314 लॉट का वॉल्यूम दोपहर 1 बजे तक हो चुका था।

करेंसी फ्यूचर्स में ट्रेडिंग लोकप्रिय होने का बड़ा कारण यह पूँजी है कि इसमें लीवरेज बहुत ज्यादा है और मात्र 2.5 प्रतिशत मार्जिन पर इसमें पोजीशन मिल जाती है; जैसे—आप 27 मई, 2022 की एक्सपायरी वाला 1,000 डॉलर का लॉट 77.57250 पर खरीदते तो आपके सौदे की कुल वैल्यू 77,572.50 रुपए होती और आपको मात्र 2.5 प्रतिशत के मार्जिन, अर्थात् 1,938.17 रुपए में इसमें 1 लॉट में पोजीशन मिल जाती तथा यदि इसका प्राइस मात्र 0.20 पॉइंट भी बढ़ता, यानी 77.7725 हो जाता तो

आपको 1,000 के लॉट के हिसाब से 200 रुपए की कमाई होती, जिसमें 40 रुपए ब्रोकरेज कम करने पर 160 रुपए बचते।

करेंसी फ्यूचर्स के प्राइस बहुत धीरे-धीरे परिवर्तित होने से इनमें रिस्क कम होता है। परंतु इसके आधार पर ऐसा नहीं कह सकते कि यह बिल्कुल रिस्की नहीं है। कभी-कभी इनमें भी बड़ा मूव आ सकता है और आपको बड़ा नुकसान हो सकता है। परंतु इक्विटी व कमोडिटी में डेरिवेटिव के सौदों से इनमें सबसे कम रिस्क होता है।

यदि आप करेंसी ट्रेडिंग से कमाई करना चाहते हैं तो इसकी अच्छी विधि है कलेंडर स्प्रेड विधि। इसमें खरीदने-बेचने दोनों की पोजीशन अलग-अलग एक्सपायरी के महीनों में बनाई जाती है।

आप समझ गए होंगे कि मेरी पसंद क्या है ? मैं आपको शेयरों में ट्रेड के लिए अपनी विधियाँ इस पुस्तक में पहले ही समझा चुका हूँ। इनमें उल्लू विधि, तराजू विधि, पैसों का पेड़ एवं शेयर जीनियस कवर्ड कॉल मेरे द्वारा आविष्कृत ऐसी विधियाँ हैं, जिनमें मेरे फॉलोवर्स लंबे समय से ट्रेड कर रहे हैं।

इसी प्रकार, सोने-चाँदी में ट्रेड के लिए मैं पैसों के पेड़ वाली विधि पसंद करता हूँ और फॉरेक्स मार्केट में ट्रेड के लिए सिर्फ कलेंडर स्प्रेड विधि को ही पसंद करता हूँ।

कलेंडर स्प्रेड विधि—कलेंडर स्प्रेड विधि को मैं आपको बहुत ही सरल उदाहरण से समझाने का प्रयास करता हूँ। एन.एस.ई. पर 9 मई, 2022 को USD INR का 27 मई, 2022 का प्राइस पर रेट 77.6075 था और अगले महीने की एक्सपायरी 28 जून, 2022 का फ्यूचर रेट 77.8575 था।

ऐसा आमतौर पर होता है कि लंबी दूरी वाले फ्यूचर का प्रीमियम ज्यादा होता है और कम दूरी वाले फ्यूचर का प्रीमियम कम होता है। अब, इसमें आपको 27 मई, 2022 की एक्सपायरी वाला लॉट खरीदना है और 28 जून, 2022 वाला लॉट बेचना है इससे आपकी पोजीशन हेज हो

गई, अर्थात् अब यू.एस. डॉलर के प्राइस घटते/बढ़ते हैं तो आपको एक पोजीशन में फायदा तथा दूसरी में नुकसान होगा; परंतु आपने पहले ही 0.25 के अंतर से लॉट खरीदे-बेचे हैं और आर्बिटाज बनाया है तो कुल मिलाकर आपको लाभ होने की संभावना ज्यादा रहेगी।

इसमें आर्बिटाज बनाते समय ध्यान रखें कि आपको एक आर्बिटाज तभी बनाना है, जब कुल मिलाकर 0.25 पॉइंट या उससे अधिक अंतर मिल रहा हो और आर्बिटाज बनाते समय एल.टी.पी. को ही कंसीडर न करें, वास्तविक आस्क प्राइस व बिड प्राइस भी देखकर ही सौदा लें; क्योंकि कहीं ऐसा न हो कि आप जिस प्राइस पर ऑर्डर डालें, उसकी जगह आस्क प्राइस व बिड प्राइस अलग होने से ट्रेड अलग पर एग्जीक्यूट हों।

कलेंडर स्प्रेड में लाभ को अच्छी तरह समझने के लिए आप पेपर ट्रेड कीजिए, अर्थात् कागज पर काल्पनिक सौदे नोट करके रोज चेक कीजिए कि आपने वास्तविक सौदा लिया होता तो क्या होता ? एक बार पेपर ट्रेड से अच्छी तरह समझ में आने के बाद आप वास्तविक सौदे भी क्रिएट कर सकते हैं।

करेंसी कारोबार से दैनिक घर-खर्च के लिए नियमित आय कैसे प्राप्त करें ?

करेंसी कारोबार से दैनिक घर-खर्च की राशि प्राप्त करने वाला शीर्षक बहुत ही आकर्षक लगा होगा। मेरे पास बहुत से इ-मेल्स आते रहते हैं, जिनमें फॉलोवर्स यह चाहते हैं कि मैं उनको कोई ऐसी विधि बताऊँ, जिससे वे इंट्राडे में 400-500 रोज कमा सकें और उनका घर-खर्च चलता रहे। असल में, विदेशों में लोग ऐसा करते भी हैं और विदेशी लोगों के ऐसे वीडियो देख-देखकर हमारे मन में भी इस प्रकार की इच्छा जाग जाती है।

यदि आप ऐसा करना ही चाहते हैं तो इक्विटी में इंट्राडे करने या ऑप्शन में इंट्राडे आदि करने का विकल्प ज्यादा रिस्की है। उसकी

तुलना में करेंसी में कलेंडर स्प्रेड बनाना सबसे कम रिस्क वाला है। एक कलेंडर स्प्रेड बनाने के लिए लगभग 4,000 से 5,000 मार्जिन की ही आवश्यकता होती है।

यद्यपि किसी भी व्यापार में रिटर्न मिलने की कोई गारंटी नहीं होती, इसलिए यहाँ मैं जो विधि बताऊँगा, उसमें भी न तो कोई गारंटी है, न ही यह रिस्क फ्री है; परंतु इसमें कमाई की संभावना ज्यादा है और रिस्क इक्विटी की तुलना में कम है। इसलिए, इस विधि का इस्तेमाल अपने विवेक से करें और यदि आपके लालच या लापरवाही से इस्तेमाल के कारण कोई नुकसान होता है तो कृपया मुझे जिम्मेदार न ठहराएँ।

इस विधि में इंट्राडे में करेंसी के सभी ज्यादा वॉल्यूम वाले उन करेंसी पेयर्स में कलेंडर स्प्रेड बनाया जाता है, जिनके प्राइस में 0.25 से ज्यादा का अंतर मिल रहा हो, अर्थात् इस माह की एक्सपायरी वाले फ्यूचर में करेंसी का लॉट खरीदा जाता है तथा अगले माह की एक्सपायरी वाला लॉट कम-से-कम 0.25 ज्यादा पर बेचा जाता है। इससे ज्यादा अंतर मिले तो ठीक है, पर इससे कम नहीं।

किसी भी पोजीशन में एक से ज्यादा लॉट नहीं लिया जाता और इन पोजीशन को भी सिर्फ इंट्राडे में होल्ड किया जाता है तथा सभी पोजीशन में कुल मिलाकर 200-400 का लाभ ब्रोकरेज के बाद हो रहा हो तो सभी पोजीशन को एक साथ एक्जिट कर लिया जाता है।

मैं इस पुस्तक में करेंसी में कलेंडर स्प्रेड के बारे में ज्यादा विस्तार से नहीं समझाऊँगा; क्योंकि जैसा कि मैं पहले बता चुका हूँ कि यह पुस्तक सिर्फ एडवांस्ड ऑप्शन ट्रेडर के लिए लिखी गई है, जिसमें मैं यह मान रहा हूँ कि आप ऑप्शन ट्रेडिंग के मूल तथ्यों के बारे में पहले से ही जानते हैं। फिर भी, आपको कुछ समस्या हो तो आप यूट्यूब पर कलेंडर स्प्रेड के बारे में कुछ वीडियोज सर्च करके देख सकते हैं।

कुल मिलाकर, करेंसी ट्रेडिंग व्यापार का सबसे विस्तृत एवं सबसे आधुनिक रूप है। इसमें कमाने के लिए आपको व्यापार के अवसर ढूँढ़ने

की समझ विकसित करने की आवश्यकता है। इसमें ऑप्शन में भी ट्रेड होता है तथा इक्विटी की तरह करेंसी की भी कॉल-पुट बिकती है। आप ऑप्शन में भी इसमें ट्रेड कर सकते हैं और फ्यूचर में करेंसी पेयर का लॉट खरीदकर ऑप्शन में कवर्ड कॉल बेच सकते हैं। इसे 'पूअर मैन कवर्ड कॉल' या 'सिंथेटिक कवर्ड कॉल' कहते हैं, जिसके बारे में इसी पुस्तक में पहले मेरे द्वारा समझाया गया है।

चूँकि करेंसी का कोई ई.टी.एफ. अभी शेयर बाजार में नहीं है, पूरे संसार के रिजर्व बैंक, जैसे भारत में आर.बी.आई. है, वे अपनी-अपनी डिजिटल करेंसी लॉन्च करने पर गंभीरता से विचार कर रहे हैं। उसके बाद हो सकता है, आप डॉलर आदि के डिजिटल स्वरूप अपने डीमैट एकाउंट में उसी प्रकार होल्ड कर सकें, जैसे शेयर होल्ड करते हैं। डिजिटल करेंसी आने के बाद इनके ई.टी.एफ. भी आ सकते हैं।

परंतु, वर्तमान में जब तक ऐसा नहीं हो, आपको पूअर मैन कवर्ड कॉल या सिंथेटिक कवर्ड कॉल का ही करेंसी में प्रयोग करना होगा, जहाँ आप वास्तविक करेंसी होल्ड न करके फ्यूचर का लॉट होल्ड करते हैं और ऑप्शन में ऊपर के स्तर की कॉल बेचते हैं।

❑

18

वर्टिकल स्ट्रेंगल विधि

आपने इस पुस्तक को पढ़ते समय महसूस किया होगा कि पुस्तक में बताई गई ज्यादातर विधियाँ आपके लिए नई हैं और इससे पहले आपने उनको किसी पुस्तक में नहीं पढ़ा है। ऐसा इसलिए है कि मैं अपनी मौलिक रिसर्च को पुस्तकों के माध्यम से आपके लिए शेयर करता हूँ। यदि आप इंटरनेट पर सर्च ऑप्शन ट्रेडिंग स्ट्रेटेजी पी.डी.एफ. लिखकर सर्च करेंगे तो बहुत सी फ्री पी.डी.एफ. पुस्तकें आपके सामने खुल जाएँगी, जिसमें 40 से 100 पेज की पी.डी. एफ. में आपको बहुत सारी ऑप्शन ट्रेडिंग की स्ट्रेटेजी मिलेंगी। पर उनमें प्रत्येक पुस्तक में आप पाएँगे कि स्ट्रेडल, स्ट्रेंगल, बुल कॉल स्प्रेड, बीअर कॉल स्प्रेड, कवर्ड कॉल, आयरन कोंडोर, बटरफ्लाई आदि ऑप्शन ट्रेडिंग की पुरानी विधियों का सिर्फ वर्णन किया गया है; परंतु इनका प्रयोग किस प्रकार करना है, इस पर कोई विधि या रिसर्च आपको नहीं समझाई गई है।

मैं खुद पुस्तकें पढ़ने का शौकीन हूँ। मैंने खुद भी अमेजन से खरीदकर ऑप्शन पर अनेक पुस्तकें किंडले पर पढ़ी हैं। परंतु मैं यह देखकर आश्चर्यचकित हो गया कि बड़ी रकम चुकाकर 300-400 पेज की पुस्तकें जो मैंने अंग्रेज लेखकों की पढ़ी हैं, उनमें ज्यादातर पेजों में वही बेसिक ज्ञान दिया हुआ है कि स्ट्रेडल क्या है ? कवर्ड कॉल क्या है ? बस, कुछ परिभाषा, फिर चार्ट आदि का वर्णन, फिर कुछ उदाहरण और

लगभग सब रिस्क रिवार्ड बताने में लगे हुए हैं कि आप मार्केट के प्रति बुलिश हो तो इसमें रिवार्ड ज्यादा है। आपको लगे कि मार्केट गिरने वाला है तो इसमें रिवार्ड ज्यादा है।

जरा सोचिए, जब हमें यही पता लग जाता कि आज मार्केट बढ़ेगा या गिरेगा, तो हमें पुस्तकें पढ़ने की जरूरत ही क्या थी। तब तो हम बगैर पुस्तकों और ज्ञान के भी आसानी से पैसे कमा लेते। समस्या तो यही है कि मार्केट की चाल अनिश्चित होती है और हमें पता ही नहीं लगता कि आज मार्केट गिरेगा या बढ़ेगा! तभी तो हमें इतनी सारी विधियों की जरूरत होती है। कुल मिलाकर, मैं आपको इतनी बातें इसलिए बता रहा हूँ कि मुझे इस प्रकार की बेसिक मात्र सिखाने वाली पुस्तकों से कभी संतोष नहीं हुआ। इसलिए मैं नहीं चाहता था कि मेरी पुस्तक भी इसी प्रकार की विधियों एवं चार्ट का वर्णन करने वाली बेसिक पुस्तक बनकर रह जाए।

मैं दिल से चाहता हूँ कि पुस्तक में सिर्फ फायदेमंद और मेरी आजमाई हुई तकनीकों का ही वर्णन किया जाए। इसलिए, अब मैं पुस्तक के अंतिम भाग तक आ गया हूँ। फिर भी मुझे संतोष नहीं हो रहा था। मुझे लग रहा था कि अब भी कुछ नया बताना बाकी है। पहले मैंने सोचा, थोड़ा कॉल-पुट स्प्रेड एवं 4 स्ट्रोक मैथड पर भी प्रकाश डाल दूँ; परंतु फिर मुझे लगा कि इन विधियों का वर्णन मैं अपनी पिछली पुस्तकों में कर चुका हूँ, इसलिए जो मेरे फॉलोवर्स मेरी सभी पुस्तकें पढ़ते हैं, उनको इससे खेद होगा कि मैं जिन विधियों का वर्णन पिछली पुस्तकों में कर चुका हूँ, बार-बार उन्हीं विधियों को दोहरा रहा हूँ।

फिर मुझे मेरी एक बची हुई विधि की याद आ ही गई, जो मेरी अति प्रिय विधि है। इस विधि का नाम है—'वर्टिकल स्ट्रेंगल'। आप यह नाम पढ़कर घबराएँ नहीं। यह विधि बहुत ही आसान है और यह भी उल्लू स्ट्रेंगल की तरह मेरी मौलिक विधि है। इसलिए यह आपको कहीं नहीं मिलेगी।

चलिए, अब फटाफट विधि को प्रारंभ करते हैं। यह विधि एक प्रकार से मेरे 4 स्ट्रोक मैथड का ही एडवांस्ड वर्जन है। इसे सरलता से समझने के लिए मैं आपको निफ्टी के 17 जुलाई, 2023 से 21 जुलाई, 2023 तक के डाटा पर नजर डालने को कहूँगा।

यह डाटा आप इस टेबल-11 में देखिए—

टेबल-11

दिनांक	खुला	उच्चतम	न्यूनतम	बंद
17-Jul-23	19,612.15	19,731.85	19,562.95	19,711.45
18-Jul-23	19,787.5	19,819.45	19,690.2	19,749.25
19-Jul-23	19,802.95	19,851.7	19,727.45	19,833.15
20-Jul-23	19,831.7	19,991.85	19,758.4	19,979.15
21-Jul-23	19,800.45	19,887.4	19,700	19,745

अब आपको यह विधि जिस दिन करनी है, उससे पिछले दिन के डाटा से एक वर्टिकल लाइन निम्न प्रकार से बना लीजिए—

पिछले दिन के हाई से ऊपर की स्ट्राइक प्राइस

↕

पिछले दिन का हाई स्तर

↕

पिछले दिन का लो स्तर

↕

पिछले दिन से लो से नीचे की स्ट्राइक प्राइस

घबराइए नहीं, आइए अपने साथ-साथ प्रैक्टिकल में भी यह लाइन बनाकर देखते हैं। फिर आपको सब समझ आ जाएगा। जैसे कि यह विधि अपने को 18 जुलाई, 2023 को करनी है तो इसके लिए 17 जुलाई, 2023 के आँकड़ों से बनी वर्टिकल लाइन निम्न प्रकार से दिखेगी—

19,750

↕

19,731.85

↕

19,562.95

↕

19,550

आप देख सकते हैं कि ऐसी लाइन बनाने के लिए मैंने पिछले दिन का हाई स्तर, यानी 17 जुलाई, 2023 का उच्चतम स्तर 19,731.85 लिखा, फिर उससे ऊपर पिछले दिन के उच्चतम स्तर से ऊपर की स्ट्राइक प्राइस 19,750 लिख दी। इसी प्रकार पिछले दिन के निम्नतम स्तर की जगह 19,562.95 लिखा, जो 17 जुलाई का लो था। फिर उससे नीचे की स्ट्राइक प्राइस की जगह 19,550 लिख दिया।

तो देखा आपने, कितना सरल है यह वर्टिकल लाइन बनाना! परंतु, जब आप इससे जुड़ी ट्रेडिंग सीख जाएँगे तो आप कहेंगे, यह दुनिया का सबसे सरल, किंतु सबसे जबरदस्त चार्ट है।

अब यह लाइन बनने के बाद यदि मार्केट पिछले दिन के हाई व लो के बीच में कहीं खुले तो ही आप इस विधि का प्रयोग कर सकते हैं, अन्यथा आपको इस विधि का प्रयोग अगले दिन तक टाल देना है।

आपने देखा कि 18 जुलाई, 2023 को मार्केट 19,787.50 पर खुला, जो पिछले दिन के हाई 19,731.85 से ऊपर है। इसलिए, 18 जुलाई को इस विधि से ट्रेड लेनी नहीं बनती, क्योंकि शर्त यह है कि

यदि मार्केट पिछले दिन के हाई व लो के बीच में कहीं खुले तो ही आप इस विधि का प्रयोग कर सकते हैं, अन्यथा आपको इस विधि का प्रयोग अगले दिन तक टाल देना है।

अब, 19 जुलाई को फिर यह दुनिया का सबसे सरल वर्टिकल चार्ट बनाएँगे

19,850

↕

19,819.45

↕

19,690.20

↕

19,650

अब 19 जुलाई, 2023 को मार्केट 19,802.95 पर खुला, अर्थात् यह शर्त पूरी हो रही है कि मार्केट पिछले दिन के हाई व लो के बीच में कहीं पर भी खुले। अब हमें यह देखना है कि मार्केट पिछले दिन के हाई या लो के ऊपर या नीचे किसी भी दिशा में ब्रेकआउट लेता है क्या ?

यदि मार्केट पिछले दिन के हाई से ऊपर जाए तो हमें पिछले दिन के हाई से ऊपर के स्ट्राइक प्राइस की कॉल मार्केट प्राइस पर बेच देनी है और साथ ही पिछले दिन से लो के नीचे की स्ट्राइक प्राइस की पुट बेच देनी है। यानी मार्केट जैसे ही 19,819.45 से ऊपर जाने लगा, आपने 19,850 की कॉल एवं 19,650 की पुट एक साथ बेच दी। यह बिल्कुल

ऊपर की तरफ ब्रेकआउट का पॉइंट था। यदि आपने ऐसा किया तो स्वाभाविक है कि इसके बाद 19,650 की पुट पर प्रीमियम तेजी से कम होगा। फिर आपने देखा कि मार्केट 19,833.15 पर बंद हुआ, अर्थात् 19,850 की कॉल पर प्रीमियम भी ज्यादा तेजी नहीं ले सका। तो इस प्रकार का स्ट्रेंगल बनाने पर हमें पुट में घटे हुए प्रीमियम का लाभ मिल जाता है और ज्यादातर इंट्राडे में ऐसा स्ट्रेंगल आखिरी आधे घंटे में काटने पर लाभ ही होता है।

आप जैसा कि पिछली विधियों में पढ़ चुके हैं कि किसी भी लेग में अधिकतम 2,000 का स्टॉप लॉस रखना है और 1-1 लॉट से ज्यादा नहीं बेचना तथा मार्केट के आखिरी आधे घंटे में प्रॉफिट-लॉस जो भी हो, बुक कर लेना है।

इसके विपरीत दिशा में भी यही विधि करनी है। यदि मार्केट 19,650 के नीचे जाए तो भी 19,850 की कॉल एवं 19,650 की पुट बेच देनी है। इसमें भी मार्केट के नीचे की तरफ के ब्रेकआउट स्तर पर बेचने के कारण 19,850 की कॉल का प्रीमियम तेजी से कम होने लगेगा। परंतु पुट का प्रीमियम इतना नहीं बढ़ता है, जिससे अंत में इसमें भी ज्यादातर सौदा लाभ में ही काटा जाता है।

बाकी आप जानते हैं कि ऑप्शन की कोई भी विधि गारंटीड लाभ नहीं देती। इसमें भी आपको प्रति लेग 2,000 का स्टॉप लॉस रखना होगा और आप अपनी पोजीशन उचित लाभ में आने पर या मार्केट के आखिरी आधे घंटे में काट सकते हैं।

मेरी अन्य किसी भी विधि की तरह इसमें भी आपको आखिरी आधे घंटे में सौदा काट देना है। यह विधि बहुत प्रभावशाली है। आपको इसमें कुछ दिन तक पेपर ट्रेड करके अनुभव लेना चाहिए, तभी आपको ठीक समझ आ सकेगा कि कैसे आप रीयल ट्रेड में इससे मुनाफा कमा सकते हैं।

हो सकता है, कुछ फॉलोवर्स को इस विधि में डर लगे कि

ब्रेकआउट के स्तर पर बेचने से मार्केट बेतहाशा बढ़ जाएगा और हम तो मारे जाएँगे। परंतु वास्तव में आप देखेंगे कि ब्रेकआउट होते समय एक बार प्रीमियम बढ़ते हैं, बाद में ब्रेकआउट का प्रभाव कम होने से ये घट भी जाते हैं। इसलिए यह स्ट्रेंगल 80 प्रतिशत दिनों में लाभ ही देता है। बाकी इसका प्रयोग भी इंट्राडे में ही करना है तथा 1-1 लॉट से ज्यादा नहीं बेचना है।

◻

19

सारांश

आपने ऑप्शन ट्रेडिंग से नियमित मासिक आय कमाने की मेरी विधियों वाली इस एडवांस्ड ऑप्शन ट्रेडिंग की स्ट्रेटेजी वाली पुस्तक को पूरा कर लिया है।

हो सकता है, पुस्तक पढ़कर आपको लगा हो कि ऑप्शन ट्रेडिंग से धन कमाना तो बहुत आसान है। अब आप सोच सकते हैं कि यदि ऑप्शन ट्रेडिंग इतनी आसान है तो सेबी (SEBI) की रिसर्च स्टडी में ऐसा क्यों पाया गया है कि ऑप्शन ट्रेडिंग में 10 में से 9 निवेशक शुद्ध नुकसान ही बुक करते हैं।

ऐसा भी हो सकता है कि आप जब इस पुस्तक में बताई गई विधियों में पेपर ट्रेडिंग करें तो आपको शुद्ध लाभ हो; परंतु जब आप पेपर ट्रेड से वास्तविक ट्रेड करें तो आपको नुकसान हो।

असल में, मानव वृत्ति होती है कि वह अभ्यास के दौरान जिस कार्य को आसान समझता है, जब वास्तव में उस कार्य को करने की बारी आती है, तब वह घबरा जाता है और उसके हाथ-पैर फूल जाते हैं।

यही ऑप्शन ट्रेडिंग में होता है। जब आप पेपर ट्रेड करते हैं तो आपकी ट्रेड के साथ आपका कोई भावनात्मक लगाव नहीं होता; परंतु जैसे ही आप रीयल ट्रेड ले लेते हैं, तब आप उस ट्रेड में मन व भावना के साथ जुड़ जाते हैं।

धन संबंधी जीवन को चलाने वाली आवश्यक वस्तु से जुड़ा मामला होने के कारण जब रीयल ट्रेड में आप अपने धन को खतरे में महसूस करते हैं तो आपकी सूझ-बूझ जवाब दे जाती है और आप पुस्तक में पढ़े सिद्धांतों को एक तरफ रखकर अपनी भावनाओं में बहकर ट्रेड करने लगते हैं, जिसका परिणाम नुकसान ही होता है।

यहाँ प्रसंग आ जाने से मैं आपको एक छोटी सी सच्ची घटना बताना चाहूँगा कि कैसे अभ्यास एवं वास्तविकता में बहुत अंतर हो जाता है।

मेरी पत्नी 'सीमा की रसोई' नाम से कुकिंग चैनल चलाती हैं और पाक-कला में माहिर मानी जाती हैं।

पुस्तक की प्रस्तावना में मैंने जिस बाल नागा संन्यासी महंत श्री सहदेव गिरिजी महाराज का जिक्र किया है, वे मेरे गुरुजी के देवलोकवासी होने के पश्चात् हरिद्वार के आह्वान अखाड़े से मेरे गुरुजी के भंडारे में आए थे और बाद में भक्तों की प्रार्थना पर उन्होंने वहीं एक खुली पहाड़ी पर डेरा जमा लिया।

हम दोनों पति-पत्नी बाल साधु के मोहक व तेजस्वी स्वरूप से आकर्षित थे, इसलिए हमने छुट्टी के दिन वहीं जाकर पिकनिक मनाने का कार्यक्रम रखा।

मैंने अपनी पत्नी से पूछा कि वह सबसे अच्छी कौन सी मिठाई बनाना जानती हैं, जो अपने यहाँ बनाकर महात्मा को खिलाएँ तो उनका बाल स्वरूप प्रसन्न हो जाए!

मेरी पत्नी ने कहा कि मैं बालूशाही बहुत अच्छी बनाती हूँ। मैंने फिर भी कनफर्म करने के लिए कहा कि आज बालूशाही पहले रिहर्सल में बनाना, ताकि पता चले कि वास्तव में साधु महाराज के लिए बनाने योग्य है या नहीं।

स्वाभाविक है कि मेरी पत्नी ने बहुत ही अच्छी, मीठी व क्रिस्पी बालूशाही बनाकर दिखा दी। अत: हमने यह फाइनल कर लिया कि

पिकनिक के दौरान वहीं पहाड़ी पर मेरी पत्नी बालूशाही बनाएगी तथा महात्माजी सहित सभी ग्रामवासी भक्तजन बालूशाही खाएँगे।

हमने खूब सारी बालूशाही बनाने के लिए मैदा व घी सहित अन्य आवश्यक सामग्रियाँ ले लीं।

घर पर रिहर्सल (अपनी भाषा में कहें तो पेपर ट्रेड) पूर्ण हो जाने के बाद जब महात्माजी की कुटिया पर वास्तविक बालूशाही बनाने की बारी आई तो मेरी पत्नी के हाथ-पैर फूल गए। घर पर गैस चूल्हे की अभ्यस्त पत्नीजी को ग्रामवासियों ने चार ईंटें खड़ी रखकर चूल्हा बना दिया और लकड़ियाँ काटकर ला दी, जिससे कभी आग कम तथा कभी ज्यादा होने लगी (आग में उतार-चढ़ाव होते देखकर मुझे शेयर बाजार में उतार-चढ़ाव होने की याद आने लगी)।

इसी दौरान नजदीक के अन्य आश्रम से एक अन्य बड़े महंत श्री सोमगिरि महाराज, जिन्हें क्षेत्र के लोग पीरजी महाराज के नाम से भी जानते हैं, भी नए आए बाल साधु से मिलने अपने दल सहित महाराज की कुटिया पर आ गए।

महंत श्री सहदेव गिरि महाराज ने उन्हें बताया कि आज मेरे कुछ भक्तगण बालूशाही बना रहे हैं, अत: आप भी प्रसाद पाकर जाना।

साधुओं का दल पंगत लगाकर बैठ गया और चिलम पीते हुए बालूशाही की प्रतीक्षा करने लगा।

अब मेरी पत्नी और भी घबरा गईं। एक साथ ज्यादा बालूशाही बनाने का उन्हें अभ्यास नहीं था, इसलिए उनका सारा अंदाजा गलत हो गया। उन्होंने बालूशाही में रंग ज्यादा डाल दिया तथा आँच कम-ज्यादा हो जाने से घी से बालूशाही कच्ची ही निकालकर चाशनी में डाल दी। चाशनी भी ज्यादा अनुपात में होने से पतली चाशनी बन गई, जिससे वह बालूशाही एकदम लाल रंग के आटे के लोथड़े के समान दिखने लगी।

कुल मिलाकर, बालूशाही बिगड़ गई। सभी साधु उसका रंग देखकर ही उसको खाने की अनिच्छा दिखाने लगे। वहाँ उपस्थित मेहमान के

रूप में आए बड़े महंत श्री पीरजी महाराज ने आदेश दिया कि इस भक्त एवं इसकी देवी का मन देखो और इनके मन को ठेस नहीं लगे, इसलिए थोड़ा-थोड़ा प्रसाद ले लो।

आप समझ सकते हैं कि साधुओं ने सिर्फ हमारा मन रखने के लिए एक-एक टुकड़ा ही खाया और ग्रामवासी तो हमारी बालूशाही की शक्ल देखकर ही नहीं खाने का मन बना चुके थे। फिर भी महंतजी के आग्रह पर एक-एक टुकड़ा अनमने भाव से सबने खाया। आप समझ सकते हैं कि ऐसा होते देखकर मैं और मेरी पत्नी बिल्कुल रुआँसे हो गए थे।

ऐसा ही आपके साथ भी ऑप्शन ट्रेडिंग में हो सकता है। जैसा कि ऑप्शन ट्रेडिंग की कोई भी विधि 100 प्रतिशत परफेक्ट नहीं होती, इसलिए किसी भी विधि में जब लगातार 2-3 दिन नुकसान होने लगता है तो आप घबराकर उस विधि का प्रयोग करना ही छोड़ सकते हैं।

इसलिए रीयल ट्रेड में छोटी-छोटी पोजीशन लेना आपके लिए सहायक है, जैसे मेरी धर्मपत्नी ने भी बड़ी मात्रा में बालूशाही एक साथ नहीं बनाने की कोशिश की होती तो छोटी-छोटी मात्रा में बगैर घबराए वह आराम से परफेक्ट बालूशाही बना सकती थी।

रीयल ट्रेड में छोटी पोजीशन लेने पर भावनात्मक जुड़ाव भी कम होता है और छोटे नुकसान को सहन करने की क्षमता भी होती है।

इसलिए, सार यह है कि छोटी-छोटी ट्रेड लें तथा ट्रेड से भावनात्मक जुड़ाव न करें।

दूसरा नियम यह है कि दिन के अलग-अलग समय में ट्रेड लें। जैसे, मेरी पत्नी ने थोड़ी-थोड़ी बालूशाही बनाई होती तो छोटे-छोटे प्रॉफिट बुक करने पर बढ़ते जाने वाले आत्मविश्वास की तरह उसका आत्मविश्वास भी बढ़ता जाता और वह साधुओं की पूरी जमात के लिए आराम से परफेक्ट बालूशाही बना सकती थी।

इसी प्रकार, एक बात का और भी ध्यान रखें कि यदि किसी विधि में आप माहिर हो गए हैं और आप उस विधि से ज्यादातर दिनों में कमा रहे

हैं, तो कभी-कभार होने वाले नुकसान को इग्नोर करें तथा कभी-कभार होने वाले नुकसान से घबराकर विधि में परिवर्तन करने की चेष्टा न करें।

क्योंकि आप परफेक्ट विधि खोजने की अपनी अंतहीन चाहत में बार-बार विधियाँ बदलते रहेंगे तो कभी फायदा, कभी नुकसान होकर आप जहाँ से चले थे, वहीं खड़े रह जाएँगे।

यहाँ भी एक उदाहरण है; हालाँकि, वह उदाहरण पढ़कर आप ऐसा मत मानना कि मैं फैंटेसी क्रिकेट का समर्थक हूँ और यह उदाहरण पढ़कर आप फैंटेसी क्रिकेट मत खेलने लगना। यह सिर्फ उदाहरण है, जो आपको ऑप्शन ट्रेडिंग में सहायक हो सकता है।

मैंने फैंटेसी क्रिकेट में 1 करोड़ रुपए जीतने वाले एक खिलाड़ी का साक्षात्कार कहीं सुना था। उसमें उसने बताया कि वह 5 साल से एक ही प्रकार की टीम लगा रहा था। वह दोनों टीमों के 3-3 ओपनर आगे की पंक्ति के बैट्समैन लेता और पहले खेलने वाली टीम के 3 बॉलर लेता था।

क्योंकि उसको लगता था कि जिस दिन शुरुआती 3-3 बल्लेबाज जम जाएँगे और आउट नहीं होंगे, उस दिन उसका काम हो जाएगा। पहले खेलने वाली टीम के बॉलर ज्यादा लेने के पीछे उसका तर्क यह था कि बाद में खेलने वाली टीम पर स्कोर का पीछा करने का मानसिक दबाव होता है, इसलिए उसके ज्यादा खिलाड़ी आउट होते हैं, जिसका फायदा पहले बैटिंग करने वाली टीम के बॉलर्स को मिलता है।

कुल मिलाकर, वह आदमी 5 वर्षों तक अपनी विधि पर दृढ़ रहा तथा रोज एक ही विधि में टीम लगाता रहा। एक दिन वास्तव में उसके सिद्धांत से खेल चल गया और वह 1 करोड़ रुपए जीत गया।

यही बात ऑप्शन ट्रेडिंग में है कि आप अपनी विधि को तर्क के आधार पर बना लेते हैं तो रोज एक ही विधि पर चलते रहें। इसमें कभी-कभार नुकसान भी होता है, तो भी यदि आप महीने भर में ओवर ऑल फायदे में ही रहते हैं, अतः बार-बार विधियाँ न बदलें।

अंतिम बात मैं यह कहना चाहूँगा कि पुस्तक को एक बार पढ़कर ही एक तरफ नहीं रख देना, बल्कि आप इसको बार-बार पढ़ें। आप देखेंगे कि हर बार आपके दिमाग में कुछ नए रचनात्मक ट्रेड सेटअप के विचार अपने आप आने लगेंगे; क्योंकि मैंने यह पुस्तक नहीं लिखी, यह उस परम सत्ता-परमपिता-परमेश्वर-परमात्मा, जिसे आप किसी भी नाम से जानते हैं, उसने मुझे माध्यम बनाकर लिखवाई है। अत: इस पुस्तक को बार-बार पढ़ने पर आपके मन में सही दिशा में प्रेरणा देना उस अंतर्यामी सत्ता का कार्य है, जो एक दिन आप में अवश्य घटित होगा।

मेरा आपसे यह भी निवेदन है कि यदि आप पुस्तक को ऑनलाइन प्लेटफॉर्म पर रिव्यू करके मुझे 5 स्टार रिव्यू देंगे और अपने उद्गार लिखेंगे तो मुझे बहुत खुशी होगी।

साथ ही, आप अपने विचार मुझे mahesh2073@yahoo.com पर इ-मेल भी कर सकते हैं। मैं सभी इ-मेल्स के जवाब नहीं दे पाता, परंतु जब भी मुझे समय मिलता है, मैं इ-मेल्स पढ़ता हूँ और जवाब देता हूँ। हो सकता है, आपका इ-मेल भी कुछ नए रचनात्मक विचार रखता हो, जिससे भविष्य में सभी ट्रेडर्स का भला करने में कुछ सहायता मिल सके। इसलिए मैं आपको अपने रचनात्मक विचार इ-मेल या यूट्यूब कमेंट्स के माध्यम से भेजने के लिए आमंत्रित करता हूँ।

मैं फोन नंबर नहीं देता, क्योंकि 2.25 लाख फॉलोवर्स को फोन से गाइड करना संभव नहीं हो पाता।

अंत में, फिर से परम सत्ता को धन्यवाद और सभी ट्रेडर्स के भले के लिए प्रार्थना करते हुए मैं इस पुस्तक को समाप्त कर रहा हूँ।

आपका

—महेश चंद्र कौशिक

☐☐☐

Milton Keynes UK
Ingram Content Group UK Ltd.
UKHW041002040324
438885UK00006B/423

9 789355 217103